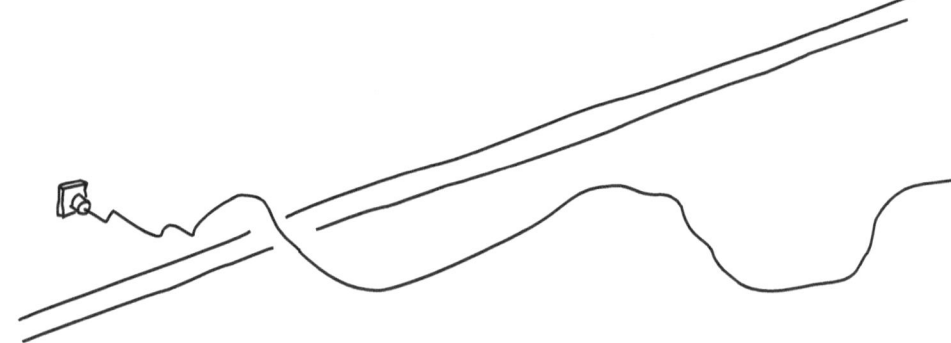

Christian Herrendorf   Mike Neubauer

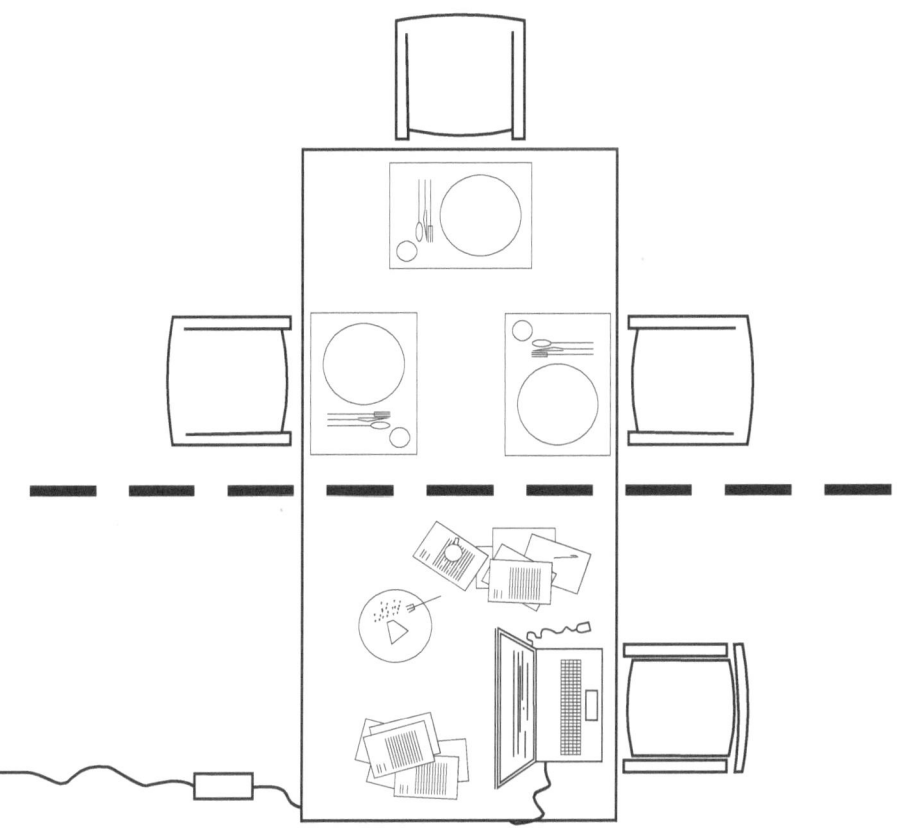

HOME
OFFICE

...und wie es funktionieren kann

Beratung: www.wie-es-funktionieren-kann.de

Illustrationen: Mike Neubauer

Umschlaggestaltung, Layout und Satz: JUNAGRAFICA

Verlag und Druck: tredition GmbH, Halenreie 42, 22359 Hamburg

ISBN (Paperback): 978-3-347-19760-2

ISBN (eBook): 978-3-347-19761-9

Die Autoren

Mike Neubauer, geboren 1967, ist Interior-Designer (Dipl.-Ing.) und hat zahlreichen Unternehmen geholfen, gute Arbeitsplätze und gute Arbeitsumfelder für ihre Angestellten zu schaffen. Sein besonderes Interesse gilt der Verbesserung der Unternehmensstruktur und der internen Kommunikation durch die individuelle Gestaltung der Räume. Als Sporttrainer hat Mike Neubauer zudem Nationalmannschaften auf Welt- und Europameisterschaften vorbereitet.

Christian Herrendorf, geboren 1977, ist Journalist und hat als Redaktionsleiter bei regionalen Tageszeitungen neue Formen der Arbeitsorganisation und der wertschätzenden Kommunikation eingeführt und weiterentwickelt. Im Jahr 2020 hat er zwei Teams geführt, deren Mitglieder überwiegend im Home-Office waren. Christian Herrendorf hat sowohl als Reporter als auch für Zeitungsgestaltung Preise gewonnen.

Gemeinsam bieten Mike Neubauer und Christian Herrendorf eine Beratung für Unternehmen an, die Arbeiten im Home-Office ermöglichen und von improvisierten zu guten Lösungen kommen wollen.

Inhalt

Vorwort

Im Moment, Ende 2020, hat man den Eindruck, mit dem Thema Home-Office ist es wie am Anfang von Disney's Dschungelbuch, wenn der Erzähler den Film mit den Worten einleitet: „Dschungel, wie viel Zauber und Abenteuer liegt in diesem Wort..."

Home-Office, wie viel Verheißung und Neuerung liegt in diesem Wort... Aber so ganz stimmt das nicht. Ja, Covid-19 hat eine große Veränderung in der Arbeitswelt hervorgerufen. Nur weil man die Menschen zu Hause arbeiten lassen konnte, war es überhaupt möglich, die Wirtschaft in Gang zu halten. Noch vor 20 Jahren wäre das wesentlich schwieriger gewesen, da die technischen Voraussetzungen noch nicht ausreichten. Dennoch ist der Gedanke des Home-Office schon älter als ein paar Monate. Es gab immer Berufsgruppen, die vermehrt oder ganz zu Hause gearbeitet haben. Und es gab schon immer den Wunsch von vielen, zu Hause arbeiten zu können.

Ich als Gestalter wurde schon oft mit der Frage konfrontiert, wie sich dort ein Büroplatz integrieren ließe. Es waren oft Menschen aus kreativen Berufen, die zu Hause gearbeitet haben, oder Freiberufler. Diese waren und sind es gewohnt, sich ihren Tag selbst einzuteilen, sie haben oft außer dem Kunden keine Instanz mehr über sich, und haben bewusst diese freie Art der Arbeit gewählt. Nun mussten alle zu Hause arbeiten, auch die Menschen, die angestellt sind und dies ebenso bewusst gewählt hatten. Auch wenn wir heute viel eher ein nicht komplett durchstrukturiertes Arbeiten gewohnt sind, so arbeiten doch noch sehr viele Menschen nach klaren Vorgaben. Bei unserer Überlegung zu diesem Buch sind wir auch auf viele Berufsgruppen gestoßen, die noch gar nicht in Kontakt mit „freierem" Arbeiten gekommen sind. Die überwiegende Mehrheit hat ältere Arbeitsverträge und arbeitet feste Zeiten mit klar definierten Aufgaben, die oft in einen größeren Prozess eingebunden sind. Ständig kommen kleine Aufträge, und auf der anderen Seite steht die Forderung nach den erledigten Arbeiten. So ist das Gefühl vorhanden, sinnvoll zu sein und einen Teil zum Ganzen beizutragen.

Unternehmen mit flachen oder gar keinen Hierarchien gibt es schon viele, und sie stehen mehr im Fokus der Öffentlichkeit als die traditionellen Mittelständler. Aber die Sorgen, die durch ein verordnetes Home-Office entstanden sind, sind bei allen die gleichen.

Als ich mich mit Christian das erste Mal über das Thema unterhalten habe, waren wir beide gleichzeitig der Meinung, dass hier Bedarf besteht. Es gab keine guten Lösungen für Unternehmen. Jeder bastelte so vor sich hin, alle nutzten die gleichen, zum Glück schon existenten Techniken, aber es fühlte sich noch nicht nach einem durchdachten Konzept an. Weil alle mehr oder weniger von heute auf morgen in die Situation gerieten, war das nachvollziehbar.

Jetzt aber zeichnet sich ab, dass uns dieses Modell noch länger begleiten wird, und viele Unternehmen, die wir besucht haben, gehen davon aus, dass diese Arbeitsweise auch nach der Pandemie fortgeführt wird.

Aber wie? Das größte Problem wird sein, dass das Home-Office nicht den Weg des Kickers geht. Vor sehr langer Zeit begannen ganz junge Unternehmen, die in Garagen gegründet worden waren, Freizeit und Arbeit zu vermischen, da sie sowieso rund um die Uhr an ihren Ideen gestrickt haben. Ein Ding, das dabei eine große Rolle spielte, war der Kicker. Hier konnte man sich austoben, dabei aber dennoch weitere Geistesblitze haben und schnell wieder die nächste bahnbrechende Erfindung machen. So weit, so gut.

Fotos aus diesen wilden Zeiten suggerieren, dass sich ein Unternehmen nur einen Kicker in seine Räume stellen muss, um ebenso innovativ und jung zu wirken. Leider gehört dazu nicht nur der Kicker, sondern auch eine Geisteshaltung. So habe ich schon sehr viele Firmen besucht, in denen zwar ein Kicker stand, aber niemand daran spielte, weil sich zum Beispiel die Mitarbeiter*innen gar nicht trauten, denn dann hätte man sie vielleicht als Arbeitsverweigerer betrachtet. Oder niemand hatte überhaupt Lust aufs Kickern, es gab gar keine Kultur dafür. Und so standen die Geräte zwar prominent in den Firmenräumen, aber es wurde sofort klar, dass sie nur ein Symbol waren, nichts Gelebtes.

Es gibt dafür noch mehr Beispiele: Yoga-Kurse, Teambuilding, gemeinsames Kochen. All dies hat nur Sinn, wenn es auch eine Kultur dafür gibt. Und genauso ist es beim Thema Home-Office. Wenn es irgendwann nicht mehr unbedingt notwendig ist, die Mitarbeiter nach Hause zu schicken, sollten sich die Unternehmen fragen, ob sie von ihrer Einstellung her dafür aufgestellt sind. Wir werden in diesem Buch beschreiben, welche Maßnahmen notwendig sind, um die richtigen Schritte für einen funktionierenden Ablauf zu machen, aber die grundsätzliche Klärung muss zuvor intern erfolgen. Die Covid-19-Zeit ist dafür ein guter Test.

Wir haben versucht, das Thema von vielen Seiten zu betrachten, und hoffen, auf die meisten Fragen eine Antwort gefunden zu haben. Sollten nach der Lektüre noch weitere Punkte offen sein, helfen wir gerne auch individuell weiter.

Viele Grüße aus dem Home-Office
Mike Neubauer

Einleitung:
Vom Arbeitsplatz zur Arbeitsorganisation mit Home-Office

Du ziehst in Deine erste eigene Wohnung. Du hast, was Du hast, in einen Transporter gepackt und fährst mit den Freunden, die Dir beim Umzug helfen, in die Wohnung. Du stoppst am Möbelhaus, um die Dinge zu kaufen, die Du noch nicht hast, zum Start aber besser haben solltest. Teller, Tassen, Nudelsieb, vielleicht doch noch einen kleinen Tisch, auf jeden Fall einen Schrank fürs Bad. An der Stelle fällt Euch auf, dass Du besser auch noch einen Duschvorhang kaufen solltest, damit Du Dein neues Bad nicht regelmäßig unter Wasser setzt. Die Duschvorhänge, die es in dem Möbelhaus gibt, entsprechen alle nicht Deinen bevorzugten Farben und Mustern (aus irgendeinem Grund haben Duschvorhänge das so an sich), also nimmst Du den, der am wenigsten schrecklich aussieht. Kann man ja demnächst nochmal ändern.

Drei Jahre später hast Du die Wohnung und den Duschvorhang immer noch. Oben sind zwei Schlaufen ausgerissen, die dazugehörigen Haken baumeln beschäftigungslos an der Duschvorhangstange, unten hat sich der Kunststoff schwarz gefärbt, so richtig geht das selbst mit dem Reiniger, der heftig nach Freibad riecht, nicht mehr weg.

Der Duschvorhang ist ein Musterbeispiel für ein Provisorium. Eigentlich etwas, das nur kurzfristig und kurzzeitig helfen soll. Tatsächlich aber etwas, das kurzfristig ein Problem löst und dann mittel- bis langfristig bleibt, weil es ja kein Problem mehr gibt oder zumindest keines mehr wahrgenommen wird. Das Bad steht ja nicht unter Wasser. Genau deshalb halten Provisorien so lange.

Der Duschvorhang ist damit ein passendes Bild für den Arbeitsplatz zu Hause, das Home-Office. Es wurde vor dem Jahr 2020 geschaffen, weil

Mitarbeiter*innen sich um ein Kind kümmern mussten, das krank ist oder nur bis zum frühen Nachmittag betreut wird, sie aber zugleich ihren Job machen wollten oder mussten. Es wurde dann im Jahr 2020 vor allem geschaffen, weil Unternehmen während der Corona-Pandemie einen Großteil ihrer Angestellten zu Hause arbeiten ließ, da diese Risikogruppen angehörten oder nur so die Abstandsregeln im Unternehmen eingehalten werden konnten. Oder weil es wegen der Kurzarbeit kaum noch Sinn hatte, die Strecke ins Büro und wieder zurück zu fahren.

Wir wollen den Corona-Faktor nicht überstrapazieren und er wird sehr wahrscheinlich nach diesem Absatz keine Rolle mehr spielen. Jetzt das Aber: Wir haben in der Krise Unternehmen besucht, deren Chefs uns erzählt haben, dass nach der Krise höchstens noch die Hälfte der Mitarbeiter wieder im Büro arbeiten wird — in einem Fall sogar, obwohl das Büro erst sechs Monate alt und wirklich schön war. Und wir haben mit Unternehmern gesprochen, die vor der Krise begonnen hatten, Büros zu suchen, und die inzwischen die damit verbundene Quadratmeterzahl halbiert haben. Nicht, weil sie Leute rauswerfen oder weniger einstellen wollten, sondern weil sich selbst in flexiblen Firmen das Bewusstsein merklich verändert hat. Der Chef von Barclays wurde im Frühjahr 2020 mit einem passenden Satz zitiert: „Die Vorstellung, 7000 Leute in ein Gebäude zu stecken, könnte eine Sache der Vergangenheit sein." (Die Zeit, 10. Juni, Seite 17) Das muss nicht zwingend bedeuten, dass die erwähnten Mitarbeiter ihre komplette Arbeitszeit zu Hause verbringen. Wir gehen aber davon aus, dass das bisher noch geltende Präsenzkonzept an sein Ende kommt. Wissenschaftler des Rensselaer Polytechnic Institute in den USA haben dazu ermittelt: „Zufriedenheit und Produktivität von Mitarbeitern sind dann am größten, wenn sie zwei bis drei Tage pro Woche im Home-Office verbringen, den Kontakt zu Vorgesetzten und Kollegen also nicht verlieren." (Die Zeit, 10. Juni, Seite 18) Unabhängig davon, ob

Unternehmen Hybrid- oder Vollzeit-Home-Office-Modelle bevorzugen, gilt es, sich mit den Fragen des Arbeitsplatzes zu Hause neu, jenseits von spontanen und improvisierten Lösungen, zu beschäftigen. Genau das wollen wir mit diesem Buch tun.

Sowohl vor Corona als auch während der Krise hatten die Home-Offices eines gemeinsam: Sie sorgten nicht dafür, dass die Wohnung plötzlich um ein Zimmer oder zumindest ein Dutzend Quadratmeter wuchs. Der Arbeitsplatz musste in der schon vorhandenen Wohnung entstehen. Und so wurden Ecken im Schlafzimmer, Küchen- und Esstische oder die Flächen, auf denen man bisher die Kontoauszüge gesammelt und den Laptop abgestellt hatte, zu den Plätzen, an denen man vier, sechs oder acht Stunden arbeiten sollte. Die Unternehmen versorgten ihre Mitarbeiter mit einem ordentlichen Computer und Zugängen zum Firmen-Netzwerk, vielleicht gab es noch ein Diensthandy dazu. Mit den Vorgesetzten und den Kollegen wurden die Abläufe besprochen und noch ein paar Unterlagen aus dem Büro geholt. Dann musste es irgendwie klappen mit dem Home-Office.

Die Unternehmen haben mit ihren Beratern erörtert, welche Prozesse es braucht, damit Arbeiten von zu Hause funktioniert, sie haben mit ihren IT-Abteilungen oder -Dienstleistern gesprochen, welche Technik man dafür benötigt, dann aber hatte das Ganze zu funktionieren. Mit dem Platz, an dem nun diese Arbeit gemacht wird, beschäftigten sich die wenigsten. Und so entstand der nächste Duschvorhang.

Wir wollen mit unserem Buch die Betrachtung umdrehen. Wir beginnen da, wo die Arbeit stattfindet, bei den Mitarbeiter*innen und im Home-Office. Unsere Überzeugung: So gut, wie das Home-Office ist, so gut ist am Ende die Arbeit. Wir schauen uns deshalb an, wie der Arbeitsplatz gestaltet sein sollte, damit Mitarbeiter*innen sich dort wohlfühlen, gesund bleiben und gerne ihren Job machen — und das, ohne in eine größere Wohnung ziehen zu müssen und ohne über 24 Stunden das Gefühl zu haben, in der Firma zu sein. Unser Ideal für diesen Ansatz ist ein Schrank. Ein schöner Schrank, der entweder nicht auffällt oder wenn, dann angenehm. Ein Schrank, den man aufklappt, wenn man „ins Büro geht", und den man zuklappt, wenn man Feierabend hat. Ein Schrank, der vielleicht sogar ein Zeitschloss hat, so dass man ihn abends oder am Wochenende nicht noch mal eben aufklappt.

Wir werden uns in diesem Buch nicht mit den Vorzügen und Nachteilen des Home-Office beschäftigen, wir gehen davon aus, dass diese bekannt sind. Wir gehen im Zweifel sogar davon aus, dass sie gar nicht entscheidend sind, sondern dass es wegen der Vereinbarkeit von Beruf und Familie und nach der Corona-Pandemie einfach mehr und dauerhaft Arbeitsplätze zu Hause gibt.

Wir wissen, dass am Ende nicht überall ein Schrank stehen wird. Dieses Ideal wird uns aber helfen zu erörtern, wie ein Home-Office gestaltet sein sollte. Und erst, wenn das klar ist, folgen die anderen Fragen: Wie und wann kommunizieren Zentrale und Home-Office miteinander, wie die Teams und Kollegen untereinander? Wie werden Aufgaben besprochen und verteilt? Wie wird Leistung überprüft, bewertet und gelobt oder kritisiert? Und: Was ersetzt die Kantine und die Kaffeeküche?

Dabei vergleichen wir an einigen Stellen das Team im Büro mit dem Team auf einem Sportplatz. Nicht, weil die Metaphorik so vertraut und deshalb so gut einsetzbar ist. Sondern weil wir die Erfahrung gemacht haben, dass es bei der Entwicklung und Motivation eines Sportteams viele Parallelen zur Arbeitswelt gibt. Diese Parallelen wollen wir ausschließlich daraufhin anschauen, ob sie uns helfen, Lösungen für Fragen zum Home-Office zu finden. Metaphorisch bleiben wir zurückhaltend, versprochen.

Bei all diesen Fragen wird eines wichtig bleiben. Es gibt nicht den einen Typ Mitarbeiter*in. Es gibt Kolleg*innen, die die Freiheit des Home-Office schätzen, sich gut organisieren und mindestens so gut arbeiten wie vorher. Es gibt andere, denen vertraute Strukturen fehlen, die mehr kommunizieren möchten und mehr Rückmeldungen zu ihrer Arbeit brauchen. Und jede Menge Typen dazwischen. Sie alle werden bei unseren Gedanken zu den einzelnen Aspekten des Zu-Hause-Arbeitens berücksichtigt. Passend dazu gibt es am Ende jedes Kapitels Hinweise, wie man unsere Vorschläge für welchen Kollegen gut anwendet und was man eher lassen sollte.

Oder: Wie man von Anfang an für eine Duschwand sorgt und den Duschvorhang im Möbelhaus lässt.

1
Die Mitarbeiter*innen

Die erste These dieses Buches klingt nach einer Selbstverständlichkeit, sollte aber unbedingt im Detail betrachtet werden: Was wir nicht gewöhnt sind, haben wir nicht gerne. Das bedeutet übertragen auf das Home-Office: Die meisten sind Freiheiten im Arbeitsleben nicht gewohnt, sondern an klare Strukturen, in der Schule, in der Ausbildung, mittlerweile auch im Studium. Es gibt klare Pläne, denen wir folgen, mit verlässlichem Ergebnis am Ende. Im Arbeitsleben setzen wir das fort, der Schreibtisch im Büro ist die Arbeitsplatz gewordene Manifestation dieser Haltung. Die Dinge haben ihren Platz, der Tag, die Woche, der Monat, das Jahr eine Struktur. Für neue Aufgaben gibt es neue Vorgaben, die oft den alten ähneln und die zu neuen Gewohnheiten werden. Dazu gibt es dann im Büro auch noch Menschen, die man im Zweifel immer fragen kann, wie etwas in die gewohnten Strukturen eingebaut werden kann.

Es gibt im Film „Wallace & Gromit – The Wrong Trousers" eine Szene, die zeigt, wie wunderbar man das Leben strukturieren kann und wie hilfreich das ist. Gromit, der Hund, zieht am Morgen einen Hebel. Damit befördert er das Bett seines Herrchens, des Erfinders Wallace, in die Senkrechte. Wallace rutscht aus dem Bett, durch ein Loch im Boden in seine Hose und die dazugehörigen Träger und landet am Frühstückstisch. Eine weitere Maschine verpasst ihm sein weißes Hemd, seine rote Krawatte und seinen grünen Pullunder. Gromit löst ein Löffel-Katapult aus, das Marmelade losschleudert, die genau in der Sekunde auf den Toast trifft, als dieser aus dem Toaster springt. So landet dank der Berechenbarkeit aller Schritte jeden Tag der gleiche Marmeladentoast auf dem Teller vor Wallace.

Vermutlich liest man an dieser Stelle, dass wir selbst gerne frei arbeiten und deshalb den beschriebenen Zustand für uns selbst gar nicht so gut finden. Es geht hier aber ausdrücklich nicht darum, das zu bewerten oder gar zu versuchen, die Mitarbeiter*innen zu ändern. Es geht darum, die Freude vieler an der Gewohnheit als Ausgangspunkt zu nehmen, um für sie die richtige Lösung im Home-Office zu finden. Für diese Mitarbeiter*innen bedeutet der Wechsel an einen Arbeitsplatz zu Hause den größten Bruch. Wenn es gelingt, dass sie sich im Home-Office wohlfühlen, dann dürfte es auch gelingen, diejenigen, die Freiheit ganz mögen oder in Teilen für sich entdecken, auch entsprechend gut einzurichten. Wir schauen uns deshalb zunächst die Sorgen und Wünsche der Mitarbeiter*innen an, die ins Home-Office wechseln, und leiten aus der Intensität der Sorgen und Wünsche drei Typen ab, für die wir in den folgenden Kapiteln jeweils Lösungen finden wollen.

Sorgen

*„Ich kriege nicht mehr mit, was im Unternehmen
oder in meinem Team passiert."*
Wer in einem Büro mit anderen arbeitet, um den herum geschehen acht Stunden lang diverse Dinge: Menschen telefonieren, Menschen setzen sich zusammen, Menschen besprechen und verkünden. Unabhängig davon, wie neugierig oder sozial veranlagt man ist und wie sehr man diese Dinge für seine Arbeit aufsaugt – das ist, an was man gewöhnt ist, das ist mindestens ein Hintergrundrauschen, das dazu gehört. Wer ins Home-

Office wechselt, verliert das vertraute Gefühl mitzubekommen, was passiert. Und das wiederum fühlt sich ein wenig so an wie eine Party, zu der man nicht eingeladen ist. Der einzige Trost, der einem dann bleibt, ist die Solidarität mit denen, die auch nicht eingeladen sind.

„Meine Führungskraft kriegt das Gefühl,
dass es auch ohne mich geht."
Es gibt eine Menge Chefinnen und Chefs, die Arbeiten zu Hause skeptisch sehen, die davon ausgehen, dass die Mitarbeiter*innen es sich dort gemütlich machen, und die diesen Verdacht auch gerne mal erwähnen. Das bedeutet im Umkehrschluss: So strukturierte Vorgesetzte werden sich im Zweifel auf Aspekte konzentrieren, die ihre Meinung bestätigen, und könnten dabei zu dem Schluss kommen, dass sie die, die es sich ja eh nur gemütlich machen, nicht mehr brauchen, dass ihnen die reichen, die sie noch bei der Arbeit sehen. Dann wäre es doch besser, man ist im Büro und in ihrem Blickfeld.

„Meine Führungskraft sieht nicht, was ich leiste."
Eine Sorge, die nicht ganz so drastisch ausfällt, aber ähnlich begründet ist: Die/Der Vorgesetzte sieht das Ergebnis, an dem viele mitgewirkt haben, ist damit zufrieden, kann aber nicht differenzieren, was und wie viel die einzelnen Mitarbeiter*innen dazu beigetragen haben. Das führt zu dem zwiespältigen Gefühl, dass man ja auch weniger tun könnte, weil es eh nicht auffällt, oder noch mehr tun muss, damit es auffällt.

„Durch Vorgaben und Fristen entsteht mehr Druck als vorher."
In Unternehmen, in denen Kollegen zu Hause arbeiten, wird es deutlich wichtiger, dass Arbeiten aufeinander abgestimmt und Zeitpunkte festgelegt werden, zu denen eine Aufgabe erledigt sein muss. Wenn alle im Büro arbeiten, ist das oft ein fließender Prozess, in dem die Beteiligten spontan aufeinan-

der reagieren und sich absprechen. Daran kann man sein Tempo anpassen und mal schneller und mal entspannter arbeiten. Fristen und Absprachen nehmen einem diese Möglichkeit und erhöhen den gefühlten Druck.

„Ich fühle mich allein gelassen. / Ich habe das Gefühl,
in ein tiefes Loch gefallen zu sein."
Die Kombination von bisher genannten Sorgen oder eine drastische Verschärfung einzelner dieser Sorgen kann zu diesem heftigsten Gefühl führen. Es gibt unmittelbar keine Bezugspersonen, es ist sehr leise, alle Gewohnheiten, die man zum Teil über Jahrzehnte aufgebaut hat, sind weg, alles hat sich verändert. Nichts davon zum Guten.

Wünsche

Sozialer Austausch mit den Kollegen
Arbeit nimmt einen wesentlichen Teil der Tages- und Lebenszeit ein, das kann angenehmer dadurch werden, dass es anderen sichtbar ähnlich geht und man mit ihnen darüber sprechen kann: kurz am Schreibtisch, länger in der Kantine oder in der Küche oder an Orten, die keinen Klischees entsprechen, aber ähnlich positiv für den sozialen Austausch wirken.

Klare Trennung zwischen Arbeit und Privatleben
Im Home-Office ist die Grenze zwischen Arbeit und dem anderen Teil des Lebens erst einmal fließend. Man kann sich nochmal eben an eine Aufgabe

setzen, man kann mal eben was einkaufen. Das macht flexibler, beinhaltet aber auch die Gefahr, sich auszubeuten und mehr zu arbeiten, als man möchte und muss.

Ein guter und gut ausgestatteter Arbeitsplatz

Home-Offices sind zunächst einmal improvisierte Orte. Und selbst wenn man die Ecke im Schlafzimmer, den Couch- oder Küchentisch verlassen hat, gibt es zu Hause oft nicht die Ausstattung in der Qualität, die man im Büro vorfindet. Für gute Technik sorgen die Unternehmen meistens noch, an Schreibtische und Bürostühle denken bisher die wenigsten. Auf Dauer brauchen die Mitarbeiter daheim aber passende Möbel.

Unmittelbare Ansprechpartner, falls Schwierigkeiten auftreten

Wenn im Büro etwas schiefläuft, ist in der Regel ein Kollege da, den man um Hilfe bitten, oder ein Vorgesetzter, mit dem man die Aufgabe nochmal durchsprechen kann. Wer gerade als Ansprechpartner in Betracht kommt, sieht man, wenn man um sich guckt. Ein vergleichbar sicheres Gefühl hätte man gerne auch, wenn man zu Hause arbeitet, aber nicht sieht, wer gerade an seinem Platz oder eben in einer Besprechung oder einem Kundentermin ist. Es wäre schön, wenn immer jemand erreichbar wäre.

Typologie

Wenn man sich anschaut, wie viele dieser Sorgen und Wünsche beim Einzelnen vorhanden und wie stark sie ausgeprägt sind, ergeben sich drei Typen von Kolleg*innen im Home-Office:

- diejenigen, die gerne und gut dort arbeiten, die wir hier die Heimarbeiter*innen nennen möchten
- diejenigen, die zunächst nicht gerne wechseln und sich dort nicht wohlfühlen, die hier die Büroarbeiter*innen heißen
- und diejenigen, die eine Mischung aus beidem sind, also sich irgendwo dazwischen befinden.

Heimarbeiter*innen

Es handelt sich dabei um Kolleg*innen, die auch selbständig sein könnten. Sie organisieren sich und ihre Arbeit gut, erledigen Aufgaben im vereinbarten Maße zum vereinbarten Zeitpunkt oder auch mehr. Bei ihnen ist die Selbstdisziplin ausgeprägter, aber auch der Hang zur Selbstausbeutung, vor dem man sie gelegentlich bewahren muss. Den Heimarbeiter*innen gelingt es schlechter, Arbeit und Privatleben zu trennen. Sorgen bereitet ihnen, dass Vorgesetzte nicht sehen, was sie im Home-Office leisten, ihr wichtigster Wunsch ist eine gute Ausstattung. In aller Regel kommen Heimarbeiter*innen nach Konferenzen und Absprachen mit ihren Aufgaben gut klar, Hilfe benötigen sie nur gelegentlich. Wichtige Hinweise für Heimarbeiter*innen gibt es in diesem Buch insbesondere in den Kapiteln 2 und 4, wenn es um den Arbeitsplatz zu Hause und die Organisation der Zusammenarbeit geht.

Büroarbeiter*innen

Bei diesen Kolleg*innen sind Wünsche und Sorgen am stärksten ausgeprägt. Noch vor der Frage, ob Führungskräfte die Leistung sehen, kommt die Angst, dass diese davon ausgehen könnten, einen nicht mehr zu brauchen. Die Trennung von Arbeit und Privatleben gelingt Büroarbeiter*innen gut, aber sie vermissen das vertraute Umfeld. Da ihnen grundsätzlich Rituale wichtig sind und diese beim Wechsel ins Home-Office verloren gehen, ist es ganz wichtig, dass sie neue Strukturen erhalten. Das bedeutet, dass es in der Kommunikation und in den Vorgaben wiederkehrende Muster geben muss. Vorgesetzte sollten sich Büroarbeiter*innen vor Augen halten, wenn sie die Zahl der Rituale festlegen. Es muss am Ende nicht genau die Zahl sein, aber sie sollte der Wunsch-Zahl der Büroarbeiter*innen nahekommen. Büroarbeiter*innen brauchen Ansprechpartner*innen, die sie verlässlich und regelmäßig erreichen können. Für sie sollten Führungskräfte mehr Feedback-Gespräche einplanen, Re-Briefings durchführen und eine(n) Home-Office-Koordinator*in einstellen. Diese Themen werden in den Kapiteln 4 und 5 besprochen.

Die dazwischen

Bei Kolleg*innen, die mehr Wünsche haben als Heimarbeiter*innen, aber weniger Sorgen als Büroarbeiter*innen, stehen folgende Punkte im Zentrum: Sie möchten ausdrücklich hören, dass jemand sieht, was sie tun, sie wollen nicht zur Selbstausbeutung neigen und spüren deshalb tendenziell am stärksten den Druck durch die Absprachen und Fristen. Sie können sich zwar vernünftig selbst organisieren, sind aber unsicher, was genau gewünscht ist, und organisieren sich deshalb zu viel. Die Trennung von Arbeit und Privatleben ist ihnen sehr wichtig, ebenso wie verlässliche Ansprechpartner*innen, die ihnen insbesondere bei der Trennung der beiden Bereiche helfen.

Gerade für die Dazwischen-Kolleg*innen bietet sich eine Generalprobe an. Wenn eine Firma noch keine feste Home-Office-Struktur hat, hat sie eine gute Chance: Sie sollte die angestrebte Struktur einen Tag oder maximal eine Woche ausprobieren, und dann nochmal mit allen Beteiligten zurückkommen und die Erfahrungen besprechen. Für die Kolleg*innen zwischen Heim- und Büroarbeit sind insbesondere die Kapitel 2, 4 und 5 relevant.

**Das Team:
Parallelen zum Sport**

Auf den ersten Blick scheint es im Sport leichter zu sein, ein Team zusammenzustellen. Trainer*innen finden zwar ein Gerüst vor, haben aber relativ großen Einfluss darauf, ihre Spielweise zu definieren und die passenden Spieler dafür zu holen. Trainer*innen haben im Vergleich zu einer Führungskraft in einem Unternehmen mehr, schnellere und wirksamere Stellschrauben. Und schon scheint unser Vergleich mit dem Sport zu hinken. Aber genau an der Stelle haben wir eine interessante Beobachtung gemacht: Es gibt Trainer*innen, die besetzen ihre Mannschaften nicht nach Position, sondern nach Haltung. Die berufen in ihren Kader auch Spieler, deren Talent eigentlich nicht dafür reicht, von denen sie aber wissen, dass sie wie Irre trainieren und die mit ihrem Einsatz andere Leute im Team mitreißen. Talent und Motivation bilden gar nicht so selten Gegensätze. Beim beschriebenen Arbeitstier fehlt in Teilen die Gabe, beim richtig begabten Spieler bisweilen der Antrieb, alles aus diesem Talent zu machen. Dieses Gegensatzes sollte man sich — und damit sind wir zurück in der Firma — bewusst sein, wenn es darum geht, Teams zusammenzustellen, neue Leute in ein Team zu holen oder ein Team fürs Arbeiten im Home-Office einzuteilen.

Ein oder mehrere „Arbeitstiere" im Home-Office sind wie in der Sportmannschaft ein Geschenk. Das Ergebnis ihrer Arbeit zu Hause wird nicht das beste innerhalb des Teams sein, sie werden auch nicht alle vereinbarten Abläufe einhalten. Aber sie werden richtig Gas geben. Für die Führungskraft oder die Home-Office-Koordinator*innen, auf den wir später noch zu sprechen kommen, ist es dann entscheidend, die Arbeit der topmotivierten Kolleg*innen und ihre Haltung sichtbar zu machen.

In aller Kürze: Bei den Einstellungen darauf achten, Leute mit der richtigen Haltung einzustellen. Bei der Besetzung der Heimarbeitsplätze unbedingt an die „Arbeitstiere" denken. In allen Formen der Kommunikation (siehe Kapitel 5) nochmal unbedingt an die „Arbeitstiere" denken.

Schlussfolgerungen für den Arbeitsplatz, die Arbeitsorganisation und die Kommunikation

1. Die meisten Arbeitnehmer*innen hätten gerne ein Einzelbüro. Viele, die im Großraum-Büro arbeiten, setzen Kopfhörer auf und schaffen sich damit zumindest akustisch ein Einzelbüro. Wer dann tatsächlich ein

Einzelbüro kriegt und den Großraum verlässt, empfindet dies als Belohnung. Das Home-Office erfüllt zwar die Bedingungen des Wunsches, wird aber nicht als Belohnung wahrgenommen. Genau das muss durch die Gestaltung des Arbeitsplatzes und die richtige Einbindung in Organisation und Kommunikation gelingen.

2. Unabhängig vom Typ des Mitarbeiters/der Mitarbeiterin sollte eine Firma dahin kommen, dass die Menschen zu Hause selbständig arbeiten (können). Das setzt voraus, dass Ziele für die Mitarbeiter*innen vereinbart sind, die erreicht werden müssen, und eindeutig geklärt ist, wer für welches Ergebnis auf dem Weg dorthin die Verantwortung trägt. Das hilft auch allen, die Sorge haben, dass ihre Mitarbeiter*innen im Home-Office zu wenig arbeiten. Dazu sei gesagt: Es ist auch im Büro möglich, geschickt Arbeit zu vermeiden. Körperliche Anwesenheit garantiert noch keine Produktivität. Ziele helfen in beiden Modellen, Leistung überprüfbar zu machen.

3. Die Wünsche und Sorgen ernst zu nehmen, ist vermeintlich selbstverständlich. Wir wollen aus den Erfahrungen, die wir gesammelt haben, dennoch ein zusätzliches Argument anführen. Wenn Sorgen oder Wünsche von Vorgesetzten unberücksichtigt bleiben und in der Arbeitsorganisation oder der Kommunikation fehlen, dann wird es eine Lösung Marke Eigendynamik geben. Dann werden zum Beispiel WhatsApp-Gruppen der Kolleg*innen im Home-Office gegründet, in denen die Sorgen ausgebreitet und die unzureichenden Informationen interpretiert werden. Das kann dann sogar klare Aussagen in Konferenzen oder Rundmails überlagern. Deshalb sollten die Mitarbeiter*innen gut in die Kommunikation im Unternehmen eingebunden werden und genug Informationen aus dem Unternehmen erhalten. Über telefonische Kontakte, Mails, Konferenzen und andere Formen der Interaktion sollte ein neues „soziales Umfeld" entstehen.

4. Es gibt ein Recht auf Nichterreichbarkeit. „Die Menschen brauchen ein psychologisches Grenzmanagement", sagt Hannes Zecher, Arbeitspsychologe der Universität Leipzig. Dafür müsse man Regeln schaffen — zum Beispiel durch eine Art Arbeitsvertrag mit sich selbst und seiner Familie. „Etwa so: Gearbeitet wird von zu Hause zu festgelegten Zeiten. Ab einer festen Uhrzeit ist Feierabend." (Die Zeit, 10. Juni, Seite 18)

Und wie in allen Kapiteln versuchen wir mit einer guten Nachricht zu schließen: Wer es ermöglicht, dass Kolleg*innen von zu Hause arbeiten können, erhält dadurch die Chance, Mitarbeiter*innen zu gewinnen, die bisher nicht in Betracht kamen. Ein einfaches Beispiel: Das Unternehmen hat seinen Sitz in München, die Kandidatin/der Kandidat wohnt in Hamburg und möchte oder muss dort bleiben. Damit war bisher ausgeschlossen, dass aus Wunsch-Kolleg*innen Tatsächlich-Kolleg*innen werden. Mit dem Home-Office aber wird denkbar, dass jemand selten oder nie am Unternehmenssitz war und trotzdem Mitarbeiter*in des Monats werden kann. Kurz: Wer dezentraler arbeitet, kann auch dezentraler rekrutieren, vermutlich sogar über Ländergrenzen hinweg.

2
Der Heimarbeitsplatz

In der Gestaltung stehen die beiden Begriffe „Home" und „Office" für gänzlich verschiedene Positionen. Home steht für den Ort, an dem wir leben, uns erholen, mit unserer Familie zusammen sind, lieben und streiten — kurz: das Private und Gemütliche. Office ist der Ort, an dem wir unsere Arbeit erledigen, unser Geld verdienen und völlig andere Dinge erledigen als zu Hause — kurz: das Öffentliche und Funktionale.

Dies zeigt, wie absolut gegensätzlich die beiden Orte sind. Sie passen nicht zusammen. Sie an einem Ort zusammenzulegen, ist somit erst einmal das Ungünstigste, was wir tun können. Die Bereiche verschmelzen. Das Private wird zum Office und umgekehrt. Es fehlt die unbedingt notwendige Barriere, an der die Themen dort bleiben, wo sie hingehören. Wenn wir ständig auf unsere Arbeit schauen, wirkt sich das auf unsere Erholung aus, so wie es umgekehrt Probleme mit sich bringt, wenn wir ununterbrochen von den Dingen umgeben sind, mit denen wir uns vielleicht lieber beschäftigen würden, als den nächsten Ordner durchzuarbeiten.

Als weiteren Beweis dafür finden wir ungezählte Zeitschriften über unser „Home" und wie wir dieses noch schöner, gemütlicher, bunter, trendiger machen können. Wir finden weiterhin ebenso viele Magazine über die Verbesserung unseres Offices, der Abläufe und Vorgänge. Was wir aber nicht finden, sind Zeitschriften, die beide Themen zusammen bearbeiten. Sicherlich, im Moment gibt es in dem einen oder anderen Blatt Ratgeber zu genau diesem Thema, aber eben keine genau dafür konzipiertes Magazin.

Noch vor ein paar Jahren war es undenkbar, die beiden Orte zusammenzuführen. Man ging auf die Arbeit. Wo immer das war, es war nicht zu Hause. Und vielleicht wurde abends ein wenig darüber gesprochen, was tags-über passiert war, aber danach ging man zum Privaten über – und ließ die Arbeit eben Arbeit sein. Die Themen und die Orte wurden nicht wirklich gemischt.

Es gab zwar immer schon bestimmte Berufe, die an einem Ort arbeiteten und lebten, aber es waren die Ausnahmen. Künstler*innen, Schriftstel-ler*innen, Musiker*innen. Bei ihnen wurde es irgendwann sogar erwartet, dass sie dort lebten, wo ihre Werke entstanden. Es sind aber durchweg kreative Berufsgruppen, die dann arbeiten, wenn ihre Ideen entstehen, und nicht, wenn ihre Führungskraft sie im Büro haben will. Sie sind absolut selbstständig im Denken und Tun.

Was das mit den „normalen" Angestellten machen wird, wenn nun die Ar-beit in das Private einzieht, wird die Zukunft zeigen. Durch unsere elektro-nischen Helfer sind wir schon länger immer erreichbar, egal, an welchem Ort wir uns gerade aufhalten. Also spielt der Ort vielleicht gar nicht mehr so eine große Rolle?

In meiner täglichen Arbeit erlebe ich das Gegenteil. Es wird den Menschen immer wichtiger, ihr Zuhause so zu gestalten, wie sie es sich wünschen. Es muss schon jetzt mehr erfüllen als früher. Es sollte groß genug sein, an der richtigen Stelle liegen, es sollte auch den Freunden gefallen, dem Zeitgeist entsprechen, es sollte viele verschiedene Aufenthaltsqualitäten geben, große Sofas, bequeme Stühle, Lounges, große Tische, große Küchen, fast schon orthopädische Betten, Badetempel für die Wellness und über das Internet ins Haus rauschendes Entertainment in Kino- und Club-Qualität.

Das zeigt, dass das Zuhause wichtiger denn je ist. Es sind unbegrenzte Möglichkeiten vorhanden, Häuser und Wohnungen zu gestalten. Inzwischen sind Dinge wie ein Whirlpool, eine bodengleiche Dusche, ein Küchenblock und ein 2x2-Meter-Boxspringbett schon fast Standard. Was früher absoluter Luxus war, ist heute für viele erschwinglich, und die oben schon erwähnten Magazine machen klar, dass es ohne diese Dinge nicht mehr geht. Darüber hinaus sind Milliarden Fotos von schönen Heimen auf Instagram abrufbar, was den Wunsch danach, ein ebensolches zu haben, nur noch steigert.

Das heißt: Es wird alles dafür getan, dass das Heim zu einem absolut einzigartigen Ort wird. Jeder macht dies auf seine Weise und mit den ihm zur Verfügung stehenden Mitteln. Es hat viel damit zu tun, sich gegen das „Draußen" zu schützen. Untersuchungen haben zum Beispiel gezeigt, dass Menschen zu immer größeren Sofas neigen, je unsicherer sie das Leben außerhalb des Zuhauses empfinden. Und was das anbelangt, leben wir in einer kaum noch zu steigernden Entwicklung. Als nächstes ginge nur noch das zu bewohnende Sofa, von dem man gar nicht mehr herunter geht.

Was ist aber das „Draußen"? Die gesellschaftlichen Entwicklungen, die Nachrichten aus der ganzen Welt, Krisen, Kriege, Krankheiten. Diese lassen sich vom heimischen Sofa aus relativ sicher konsumieren. Dazu die ständige Erreichbarkeit, die nicht an der Haustür haltmacht. Diese hat schon die frühere Barriere eingerissen. Durch sie hat die „Welt" einen Weg ins Zuhause gefunden. Es ist nicht länger nur der Konsum des „Draußen", der selbst gesteuert werden kann, sondern auch Nachrichten, die uns eigenständig zu Hause erreichen. Hierdurch bekam unsere Abschottung einen Riss, und so langsam haben wir uns daran gewöhnt.

Es folgt die nächste Stufe. Die Arbeit kommt in unser Zuhause. Auch das geschieht nicht plötzlich, sondern schleichend. Schon vor 20 Jahren wurde ich in meinen Beratungen als „Raumdoktor" gefragt, wie ein Arbeitsplatz gut in eine Wohnung oder ein Haus integriert werden könnte. Es ging dabei oft um einen alternativen Platz, an dem hauptsächlich die eigenen Erledigungen gemacht werden sollten. Korrespondenz, Steuern, Mails. Es ging noch nicht um den Einzug der Firma in den privaten Ort. Das ist ein weit größerer Einschnitt und erfordert auch andere Maßnahmen.

Mit dem Einzug der offiziellen Arbeitsstätte in unser Heim erlischt die Grenze zwischen den Bereichen Arbeits- und Privatleben. Einige werden damit kein Problem haben, sie werden die Vorzüge des Prozesses genießen: kein Anfahrtsweg mehr, den eigenen Kaffee trinken können, die eigene Toilette benutzen, die eigene Ordnung oder Unordnung herstellen. Allein sein, sich den Tag noch besser einteilen können. Andere werden große Probleme bekommen. Sie werden nicht mehr unterscheiden können, was privat und was Arbeit ist, sie werden einen großen Druck spüren, weil sie die Arbeit immer „ansieht". Der Feierabend wird schwieriger. Schon heute ist es oft normal, dass die Menschen länger im Büro bleiben, damit alles erledigt wird. Wenn die Arbeit immer präsent ist, dann wird es vielen Menschen noch viel schwerer fallen, den Tag zu beenden. Es gibt dann niemanden mehr, der das kontrolliert, und man geht auch nicht mehr, weil schon die Putzleute kommen. Zudem fällt die An- und Heimfahrt von und zur Arbeit weg. Dieser wird von vielen als Puffer zwischen den Welten wahrgenommen und geschätzt. Hier kann man sich entweder auf die kommenden Tätigkeiten einstellen oder sie auf dem Rückweg langsam loslassen.

Durch die räumliche Verflechtung der gegensätzlichen Bereiche wird die Unterscheidung sehr viel schwieriger. Wenn der Laptop auf dem Esstisch steht, dann kann man auch beim Abendessen noch mal schnell etwas bearbeiten. Oder man kann den Computer mit ins Bett nehmen, da ist es gemütlicher, und eben noch den Rest erledigen.

Es birgt eine große Gefahr, nun einfach auf Home-Office umzustellen, ohne darüber nachzudenken, wie dieses eigentlich aussieht. Jede Firma macht sich Gedanken darüber, wie die Arbeitsplätze der Mitarbeiter*innen gestaltet sein sollten. Gute Unternehmen überlegen sogar, wie sie durch die Gestaltung der Arbeitswelt die Abläufe verbessern können. So können schon kleine Maßnahmen große Wirkung erzielen, Prozesse beschleunigen und somit den Ertrag steigern. Es fließen, besonders in großen Unternehmen, viele Euro in den Entwurf der Räume und Plätze, an denen gearbeitet wird.

Google und Co. haben zwar bewirkt, dass diese heute oft eher wie ein Freizeitzentrum für Hobby-Arbeitnehmer wirken, aber wir sollten uns nicht davon täuschen lassen, wie „cool" die Firmen aussehen. Am Ende geht es nur darum, Gewinn zu machen, und nicht den Mitarbeiter*innen Wünsche zu erfüllen. Wohl aber hat man erkannt, dass glücklichere Mitarbeiter*innen auch effektiver sind. Und es hilft auch bei der Anwerbung, wenn die Arbeitsorte so aussehen, dass jeder dort gerne sitzen möchte.

Trotz allem sind diese Orte klar mit dem Titel Arbeit besetzt. Vor allem sind sie nicht von den Menschen selbst eingerichtet, sondern für sie eingerichtet worden, auch wenn einige vielleicht Mitspracherecht hatten. Was aber besonders fehlt, ist das Private, das Persönliche. Dafür reicht es nicht, wenn es ein paar Bilder der Kinder oder des letzten Urlaubs an den Wänden oder auf dem Schreibtisch gibt. Privat ist da, wo man auch mal in Klamotten herumläuft, die sonst niemand sehen soll.

Eine ähnliche Veränderung hat es schon einmal gegeben, als das Großraumbüro als das Allheilmittel betrachtet wurde. Dafür wurden die Menschen aus ihren angestammten Ein- oder Zwei-Personen-Büros in große Räume mit allen anderen Mitarbeiter*innen gesetzt. Auch dies haben einige mit Freude und Gewinn für sich gemacht, andere gingen dabei durch die Hölle. Ziel waren geringere Mieten, da die Gebäudeflächen effizienter genutzt werden konnten, und, so sagte man, schnellere Kommunikationswege. Am Ende saßen viele Menschen in hallenden Räumen, jeder bekam die Gespräche der anderen mit, und die „Überwachung" durch die Vorgesetzten war wesentlich einfacher. Der Stress nahm bei vielen zu.

Heute sind diese Großraumbüros zwar fast normal, aber die Schwierigkeiten sind die gleichen geblieben: Akustik und Sichtbarkeit. Man hat sich inzwischen nur daran gewöhnt, dass es so ist. Ein Versuch, die Situation etwas zu verbessern, war, die Menschen in Glasbüros zu setzen. Nun hatte man zwar wieder sein eigenes Reich, war aber noch immer so sichtbar wie zuvor, oder gefühlt noch sichtbarer, da es ja eher wie eine Vitrine wirkt und nicht wie ein abgeschlossener Raum, man also ausgestellt wird.

Wir haben folgenden Fall erlebt: Ein großes Dienstleistungs-Unternehmen wählte ein nobles Hochhaus als neue Adresse. Alle Büros bestanden vom Boden bis zur Decke aus Glas, 90 Prozent der Mitarbeiter beklebten die Flächen mit Postern, Kalendern, Papier. Es zeigte sich sehr deutlich, dass das, was der Architekt von oben vorgegeben hatte, offensichtlich nicht zu den Mitarbeitern und ihrem Alltag, also letztlich zur Unternehmens-DNA passte. Das Unternehmen kannte sich offenbar nicht oder die Verantwortlichen hatten ein Bild im Kopf, das sie in die Wirklichkeit übertrugen, das damit aber nicht übereinstimmte. Das, was in dem beschriebenen Unternehmen von oben vorgegeben wurde, war falsch und funktionierte deshalb nicht. Die Firma war schicker geworden, aber nicht besser. Dies zeigt, dass es auf jeden Fall eine Reaktion auf die vermehrte Nutzung vom Home-Office geben wird. Ob die immer im Sinne des Arbeitgebers sein wird, bleibt abzuwarten. Natürlich wird auch der Arbeitsmarkt vieles regeln. Firmen, die in Zukunft mit Leuten arbeiten wollen, die zu Hause sitzen, werden dies auch schon in ihren Ausschreibungen für Jobs kommunizieren. Deshalb werden sich dort kaum Menschen bewerben, die so nicht arbeiten wollen. In bestehenden Firmen wird wahrscheinlich ein Wechselspiel beginnen und sich in einigen Jahren die Arbeitnehmer*innen so verteilt haben, dass alle einigermaßen zufrieden mit ihrer Situation sind.

Aber es gibt auch Möglichkeiten, die Umstellung schon jetzt für alle so zu gestalten, dass es zu einer echten Alternative wird, das Home-Office einzurichten. Denn es hat ja sehr viele Vorteile: weniger Menschen bewegen sich von A nach B, weniger Energieverbrauch, entspanntere Situation in den Städten. Haben sich erst einmal alle daran gewöhnt, zu Hause zu arbeiten, werden viele den Vorteil erkennen und nutzen, die Zeit selbst einteilen zu können. Möglicherweise wird die Ernährung bei vielen besser werden. Eltern könnten es ein wenig einfacher haben, so denn die Kinder in die Schule und den Kindergarten gehen können. Auch Tierhalter*innen hätten es leichter, sie müssen nicht für Betreuung sorgen oder im Büro Angst davor haben, dass es Probleme gibt.

Aus den Erfahrungen, die die Firmen bisher gemacht haben, kann man heraushören, dass es an vielen Stellen effizienter geworden ist. Besprechungen dauern nicht mehr so lange, Ansprechpartner*innen sind schneller zu finden und vieles kann direkt geklärt werden.

Was aber völlig verloren geht, ist das wilde „Brainstormen", das Finden von Ideen per Zufall, durch eine Geste oder Äußerung, die nicht zum Thema passt. Das ist per Video nicht transportierbar. Wenn mehrere reden, wird es schwierig. Auch der Humor bleibt ein wenig auf der Strecke. Aber das sind die Erfahrungen aus einer relativ kurzen Zeitspanne, in die viele Firmen von heute auf morgen geraten sind. Es lagen noch keine wirklichen Überlegungen zu Grunde, wie Home-Office eigentlich aussieht und funktioniert. Alle waren zunächst einmal damit beschäftigt, den Betrieb am Laufen zu halten. Umso mehr sollten sich alle jetzt überlegen, wie es in Zukunft weiter gehen soll. Schicke ich meine Mitarbeiter*innen mit einem Laptop, den er oder sie sich vielleicht selbst gekauft hat, nach Hause und hoffe, dass dort eine gute Internetverbindung existiert? Mache ich mir also keine Gedanken darüber, in welchem Umfeld die Menschen ab jetzt arbeiten werden, und denke, es wird schon gut gehen? Oder optimiere ich den Arbeitsplatz zu Hause genauso, wie ich es — hoffentlich — auch in der Firma gemacht habe?

Wir haben in jüngster Zeit Einblicke in die Privatsphäre einiger Menschen bekommen, die in Videokonferenzen dabei waren. Lustige Tapeten, chaotische Regale und offene Schränke, Haustiere, Kinder und Partner, die durchs Bild laufen, und diverse Frisuren der nicht alltäglichen Art. Dies zeigt, dass einige die Grenze schon jetzt nicht mehr ziehen. Privat = Arbeit. Ist das sympathisch oder einfach unprofessionell?

Was das Benehmen und Gebaren betrifft, sind die Vorgesetzten gefragt. Was den Arbeitsplatz zu Hause in seiner Gestaltung betrifft, da fragt man am besten einen Profi. Aber es hängt vieles zusammen. Wenn es der private Rechner ist, das Familien-Internet, der Esstisch, dann findet zwangsläufig eine Vermischung statt. Da wird es immer das private Leben im Objektiv der Kamera geben, weil es sich ja nicht aussperren lässt. Und da kann sich ein Kind schon mal darüber beschweren, dass das Internet zu langsam ist, weil Mama mal wieder zu viele Daten transferiert.

Ich denke, die meisten wollen keinen tieferen Einblick in das private Leben ihrer Arbeitskolleg*innen, außer dem, den sie bisher aus Erzählungen und auf Facebook bekommen haben. So konnte noch immer ein gewisser Abstand gewahrt werden, und nur, wenn man sich wirklich gut verstand, wurden aus Kolleg*innen Freund*innen, die dann den Grad der Öffnung selbst bestimmen konnten.

Wie sollte also der Arbeitsplatz zu Hause aussehen? Am wichtigsten ist, dass er auch zu Hause als solcher zu erkennen ist. Wenn möglich, gibt es ein Arbeitszimmer, das eine Türe hat, die geschlossen werden kann. Das wäre die Fünf-Sterne-Lösung. In dem Arbeitszimmer steht ein Rechner der Firma, an einem Schreibtisch der Firma, mit vielleicht sogar noch ein paar Dingen, die die CI des Unternehmens repräsentieren. Bei Videokonferenzen sitzt die Person vor einer neutralen Wand oder eben vor einem Logo des Arbeitgebers. So kommt jedes Gespräch professionell und sachlich auf dem Bildschirm des Gegenübers an.

Aber diese optimale Situation haben wenige. Meistens sind die Wohnungen und Häuser mit dem Platz am Limit. Es ist einfach kein Raum mehr übrig. In meinen Beratungen wollten meine Klient*innen dann am liebsten den Arbeitsplatz mit ins Schlafzimmer legen. Etwas, das ich nie verstanden habe. Denn hier ist ja der Gegensatz zwischen Erholung und Job am größten. Es ging darum, dass hier einfach der größte ungenutzte Platz lag. Das Schlafzimmer steht den ganzen Tag leer und wird nur nachts, ohne dass man es wirklich wahrnimmt, gebraucht. Die Kehrseite ist aber, dass man so, wenn man sich erholen möchte, auf die Arbeit schaut und während der Arbeit auf das Bett. In jeder Situation sieht man das Gegenteil. So wird vielleicht das Einschlafen zum Martyrium, weil die unerledigten Dinge präsent sind, und das Arbeiten am nächsten Tag ebenfalls, weil dann die Müdigkeit so groß ist, dass man einfach ins Bett hüpfen möchte.

Da es aber eher die Minderheit sein wird, die ein Extra-Zimmer zur Verfügung hat, werden alle anderen das Home-Office in ihre vielleicht sowieso schon zu kleine Wohnung oder in das gerade so ausreichend große Haus integrieren müssen.

Hierzu werden wir im Folgenden vier Modelle vorstellen, mit denen es möglich sein sollte, weiterhin „zur Arbeit zu gehen", obwohl diese in den eigenen vier Wänden stattfindet. Unter der Berücksichtigung der für alle Arbeitnehmer*innen geltenden Arbeitsstätten-Richtlinien und den oben beschriebenen Rahmenbedingungen besteht die Möglichkeit, mit unterschiedlichen Herangehensweisen einen vernünftigen Arbeitsplatz zu Hause zu kreieren.

Praktische Erfahrung I:
Lehren aus dem E-Sport

Bevor wir uns mit den Details des Schranks und seiner Kollegen beschäftigen, wollen wir zu einem Arbeitsplatz gehen, der uns auf die Idee mit dem Schrank gebracht hat. Wir besuchen einen E-Sportler, einen Menschen, der professionell an der Konsole spielt und damit sein Geld verdient — und dabei nicht mehr in seinem Zimmer mit durchgesessenem Sofa, klebrigem Couchtisch und ramponiertem Headset antritt. Die E-Sport-Profis haben ihre Arbeitsplätze ihren Bedürfnissen angepasst — und sind deshalb gute Vorbilder, um Heimarbeitsplätze zu gestalten.

Wir haben Kai „Deto" Wollin besucht. Der gebürtige Monheimer ist dreifacher Weltmeister im Fußballspiel „Fifa" und tritt in der Saison 2020/2021 für Bayer Leverkusen an. Partien in der Virtuellen Bundesliga absolviert „Deto" an der Seite seines Teamkollegen in einem speziell dafür gestalteten Raum in Leverkusen. Wenn er trainiert oder auf dem virtuellen Transfermarkt unterwegs ist, dann streamt er das von seinem Heimarbeitsplatz und kommuniziert mit den Fans. Auf diesen Teil seiner Arbeit und das damit verbundene Home-Office konzentrierte sich unser Gespräch.

„Deto" hat in seiner Wohnung einen eigenen Raum für die Arbeit eingerichtet und damit klar getrennt von seinem Privatleben. Allerdings ist das Zimmer eher lang als breit, der Tisch mit den Bildschirmen und der Konsole hätte nicht gut quer hineingepasst. Deshalb kommt das Licht nicht, wie es ideal wäre, von der Seite, sondern von vorne. „Deto" hat sich Rollos besorgt, mit denen er genau bestimmen kann, wie viel Licht ins Zimmer fällt. Von volle Sonne bis zur totalen Finsternis ist alles möglich. Solche Rollos sind auch für andere Home-Offices eine Möglichkeit, wenn es zwar ein Arbeitszimmer gibt, dieses aber eher schlank ausfällt.

Ein weiterer Trick des Virtual-Profis für die Einrichtung des realen Raums: „Deto" hat an einer Seite des Zimmers seine sehr amtlichen Pokale und Urkunden von den WM-Titeln aufgestellt und aufgehängt. Seine Webcam steht schräg, so dass die Zuschauer einen guten Hintergrund sehen, der Raum selbst aber offen bleibt.

Die Arbeitsmöbel folgen vor allem Funktionen. Auf dem Tisch ist genug Platz für drei Bildschirme, die Konsole, ein kleines Steuerpult. Der Stuhl ist bequem, aber nicht zu bequem. „Man sollte nicht zu entspannt sein, das macht es nur schwieriger, sich zu fokussieren", sagt der E-Sport-Profi.

Seine Tage haben eine klare Struktur, so wie es in diesem Buch bereits bei den Wünschen und Sorgen erörtert wurde und im Kapitel zur Arbeitsorganisation vertieft wird. „Detos" Tage beginnen mit Uni und Fitnessstudio, dann geht es ins Home-Office, spätestens um 1 Uhr schläft er. Erfolg im E-Sport ist eine Frage von Fleiß, Disziplin und Konzentration, deshalb ist ein solcher Rhythmus für den Spieler ebenso wichtig wie für Arbeitnehmer*innen.

Dieser Rhythmus soll zu einer Balance führen. „Ich brauche den Ausgleich. Wenn man länger allein im Zimmer ist und spielt, möchte man wieder was mit Leuten machen. Und wenn ich keinen Sport mache, drehe ich durch." Bei virtuellen Bundesligaspielern sind es viele kleine Punkte, die für das Gleichgewicht sorgen. „Deto" beschäftigt sich intensiv mit Ernährung, Getränke sollten immer auf dem Tisch stehen, denn: Wer sie sieht, trinkt auch. In den ruhigen Phasen zu Hause meditiert er, an den Spieltagen geht er zwischen den Einsätzen immer wieder an die frische Luft. Bei Bayer Leverkusen hat er zudem mit einer Mentaltrainerin gearbeitet. „Bei Fifa spielen der Zufall und Glück eine gewisse Rolle. Ich habe gelernt, das zu akzeptieren und eine positive Grundstimmung zu halten."

„Deto" kommuniziert viel per Video. Nach seinen Erfahrungen sind für diese Gespräche zwei Dinge besonders wichtig: Alle Beteiligten brauchen eine stabile Leitung, damit Bild und Ton konstant gut sind. Technische Probleme lenken vom eigentlichen Inhalt ab, kosten Zeit und gute Laune. In der Videokommunikation gelten zudem einige Verhaltensregeln: „Die Teilnehmer*innen sollten darauf achten, dass sie respektvoll miteinander umgehen und einen guten Ton pflegen. Schimpfworte sind tabu", sagt der dreimalige Weltmeister.

Fazit: Wir haben durch den Besuch bei „Deto" einiges gelernt und einiges wiederentdeckt, das auch in anderen Home-Offices wichtig ist:

1. Der Arbeitsplatz sollte klar abgegrenzt sein vom Rest der Wohnung. Rollos können bei Platzmangel und falschem Lichteinfall helfen.

2. Stabile Leitungen sind für Videokonferenzen wichtig, schwache Verbindungen sorgen für zusätzlichen Frust. Die Kamera muss nicht gerade vor dem Menschen am Computer stehen.

3. Arbeitnehmer*innen sollten ihren Arbeitstag im Home-Office klar strukturieren und einen Rhythmus schaffen, der auch Bewegung, Ernährung und frische Luft berücksichtigt.

4. Arbeitgeber*innen sollten den Wunsch nach den sozialen Aspekten der Arbeit im Kopf haben, wenn sie diese neu organisieren.

Praktische Erfahrung II:
Die Verbindung von Raum und Unternehmens-DNA

Wer ein Unternehmen gründet, denkt nicht über den Raum nach. Es entstehen Prozesse und Abläufe, es kommen neue Leute dazu, es wird reingequetscht, solange das geht, und irgendwie passt das Improvisieren auch zur künftigen Legende über die Zeiten, als Pizza-Kartons und das gemeinsame Bier um Mitternacht einen festen Platz im Arbeitsalltag hatten. Wenn man dann das erste Mal umzieht, denkt man das erste Mal über den Raum nach –

und im Idealfall auch über den Zusammenhang mit der Unternehmens-DNA. Dann fragt man sich, wie funktioniert unsere Firma eigentlich, wie können wir durch räumliche Verbesserung auch unsere Firma besser machen: Verkäufer*innen müssen telefonieren können, Buchhalter*innen und Controller*innen in Ruhe (vor telefonierenden Kolleg*innen) rechnen können, zusammenhängende Teams brauchen zusammenhängende Räume, Besprechungen zwischen Teams Besprechungsräume zwischen den Teams.

Ein positives Beispiel, das wir in der Praxis erlebt haben, ergab sich bei einem Unternehmen, das drei Anläufe genommen hat, bis es seine neuen Räume gefunden hatte. Das Unternehmen war so gewachsen, dass 40 Leute auf einer Fläche saßen, auf der mit einigem gutem Willen 20 hätten sitzen können. Vor der Suche haben die Verantwortlichen alle Mitarbeiter*innen gefragt, was sie sich wünschen, wie sie gerne arbeiten möchten. Die erste mögliche neue Adresse war noch genauso klein wie der Gründungssitz. Durch die Umfrage im Unternehmen war aber schon klar geworden, dass man die Mitarbeiter*innen, die bisher ungeordnet in den Räumen verteilt saßen, in Abteilungen und in einem Großraumbüro zusammenbringen wollte. Nur die Abteilung mit den Programmierer*innen sollte woanders sitzen.

Der zweite Ort, den die Firma ernsthaft in Erwägung zog, war schon größer, und klarer bildete sich heraus, dass die Mitarbeiter*innen in Abteilungen zusammensitzen sollen und dass zwischen den Abteilungen geschlossene Räume sein mussten, in denen sich Vertreter der Abteilungen zu Besprechungen treffen konnten. Am dritten und dann auch tatsächlichen Standort entstanden so genannte Squads, in denen EDV, Ideengeber*innen/ Projekt-Initiator*innen, Produktentwickler*innen jeweils einen gemeinsamen Raum hatten. Berater*innen oder Personaler blieben da außen vor und erhielten ihren eigenen Bereich. Die Squads arbeiten in unterschiedlichen Team-Größen an einem Projekt zusammen, später tauschen Mitglieder die Squads oder ein Squad beginnt ein neues Projekt. Damit war der Grundriss für den neuen Ort klar und die Firmenphilosophie wurde dabei so verfeinert, dass das Unternehmen besser wurde.

Fazit: Die Erkenntnisse aus den Zeiten, in denen ganze Firmen umgezogen sind, lassen sich übertragen auf Unternehmen, deren Mitarbeiter*innen ins Home-Office umziehen. Entscheidend sind für den Prozess die folgenden Fragen:

- Wie funktioniert unsere Firma?
- Was wünschen sich die Mitarbeiter*innen?
- Wie können wir uns räumlich so einrichten, also das Home-Office gestalten, dass die Firma am Ende sogar besser funktioniert und nicht nur Miete spart und ihre CO_2-Bilanz verbessert?
- Wie transportiere ich die (mir dann bekannte) Unternehmens-DNA in die Wohnungen und Häuser der Mitarbeiter*innen?

Die Gestaltung des Home-Office: vier Modelle

Der Arbeitsplatz zu Hause erfordert zuallererst eine klare Trennung und eine klare Definition. Ohne räumliche Trennung ist die inhaltliche Trennung nicht möglich. Deshalb müssen die Beteiligten verhindern, dass am Arbeitsplatz verschiedene Dinge aus verschiedenen Welten gemischt werden. Arbeitnehmer*innen sollten zum Beispiel darauf achten, dass sie dort, wo sie arbeiten, nicht auch essen. Das bedeutet umgekehrt: Sie sollten nicht am Esstisch arbeiten.

Neben dieser besonderen Regel gibt es ein paar grundsätzliche Vorgaben, die jeden guten Arbeitsplatz ausmachen:

- Der Arbeitsplatz sollte seitlich zum Licht stehen, damit es keine Spiegelungen auf dem Bildschirm gibt beziehungsweise das Licht von draußen drinnen nicht blendet.
- Der Tisch sollte ausreichend Platz bieten, um die erforderlichen Dinge nebeneinander darauf unterzubringen und nicht aufeinander.
- Es braucht einen guten Stuhl, der es ermöglicht, wie folgt zu sitzen: Ober- und Unterschenkel befinden sich im rechten Winkel zueinander, wenn die Füße glatt auf dem Boden stehen; der Rücken ist gerade; die Unterarme können gerade grade auf dem Tisch liegen und müssen nicht nach unten oder oben gedreht werden.
- Die Materialien, mit denen der Arbeitsplatz gestaltet wird, sollten für eine gute Raumbiologie sorgen. Sie sollten wenig Chemie mit sich bringen, auch Kleber und Farben sollten möglichst wenig Lösungsmittel enthalten. Kurz: Je natürlicher die Materialien sind, desto besser.

Modell 1:
Der Büroschrank
(in zwei Varianten)

Der Büroschrank ist die optimale Lösung. Er bietet genug Raum, kann in der Firmen-CI gestaltet sein oder individuell auf die Vorlieben der Benutzer*in abgestimmt werden. Er ist eine in sich abgeschlossene Lösung, mit der alle Vorgaben erfüllt werden können.

Hierfür ist allerdings ein wenig Platz nötig, denn er hat die geforderten Dimensionen eines Schreibtisches, also 150 x 70 Zentimeter. Das wirkt als Schrank schon raumgreifend. Ideal wäre es, ihn in eine Nische zu stellen, oder zumindest in eine Raumecke, das macht die Situation schon sehr viel ruhiger. Der schon beschriebene Vorteil: Man kann ihn verschließen. Ist die Arbeit getan, werden die Türen geschlossen, egal wie der Schreibtisch aussieht, denn niemand wird ein mögliches Chaos sehen. Und damit gibt es einen echten Feierabend. Die Formen eines Schrankes fügen sich zudem gut in die vorhandene Möbellandschaft, sie erzeugen keine weitere Unruhe wie ein offener Arbeitsplatz.

Variante 1 und 2 unterscheiden sich nur in der Art, wie man den Schrank öffnet. Variante 1 hat klassische Türen, die sich in Taschen an den Schrankseiten schieben lassen, somit komplett unsichtbar werden und auch nicht stören, wenn man am Tisch sitzt. So bleibt die seitliche Bewegungsfreiheit komplett erhalten – und offen heißt wirklich offen.

Variante 2 hat den weiteren Vorteil, das Schrankbüro nach hinten zu begrenzen. Einerseits präzisiert das die Figur im Raum, schützt und gibt Ruhe, zum Zweiten sorgt die Rückwand in Videokonferenzen dafür, dass nicht alle privaten Details aus dem Raum übertragen werden. Ist auf der

Rückwand ein Logo zu sehen, wirkt dies professionell. Eine schöne Variante der Variante kann ein Whiteboard als Rückwand sein. Das können Kolleg*innen im Home-Office nutzen, um darauf zu zeichnen und zu veranschaulichen, was sie gerade erklären.

Insgesamt ist der Büroschrank die im Detail beste Lösung für den Arbeitsplatz zu Hause.

Modell 1: Der Büroschrank
Variante 1

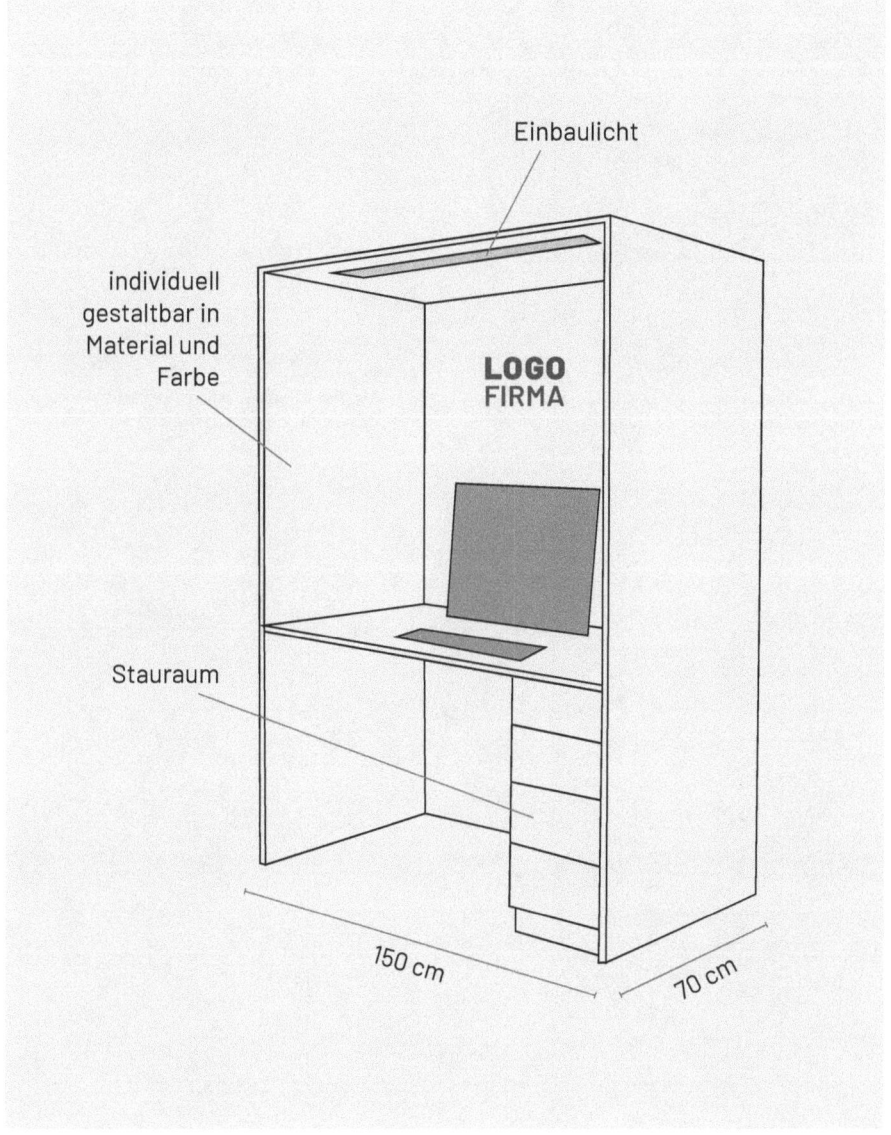

Einbaulicht

LOGO
FIRMA

individuell
gestaltbar in
Material und
Farbe

Stauraum

150 cm

70 cm

Modell 1: Der Büroschrank
Variante 1

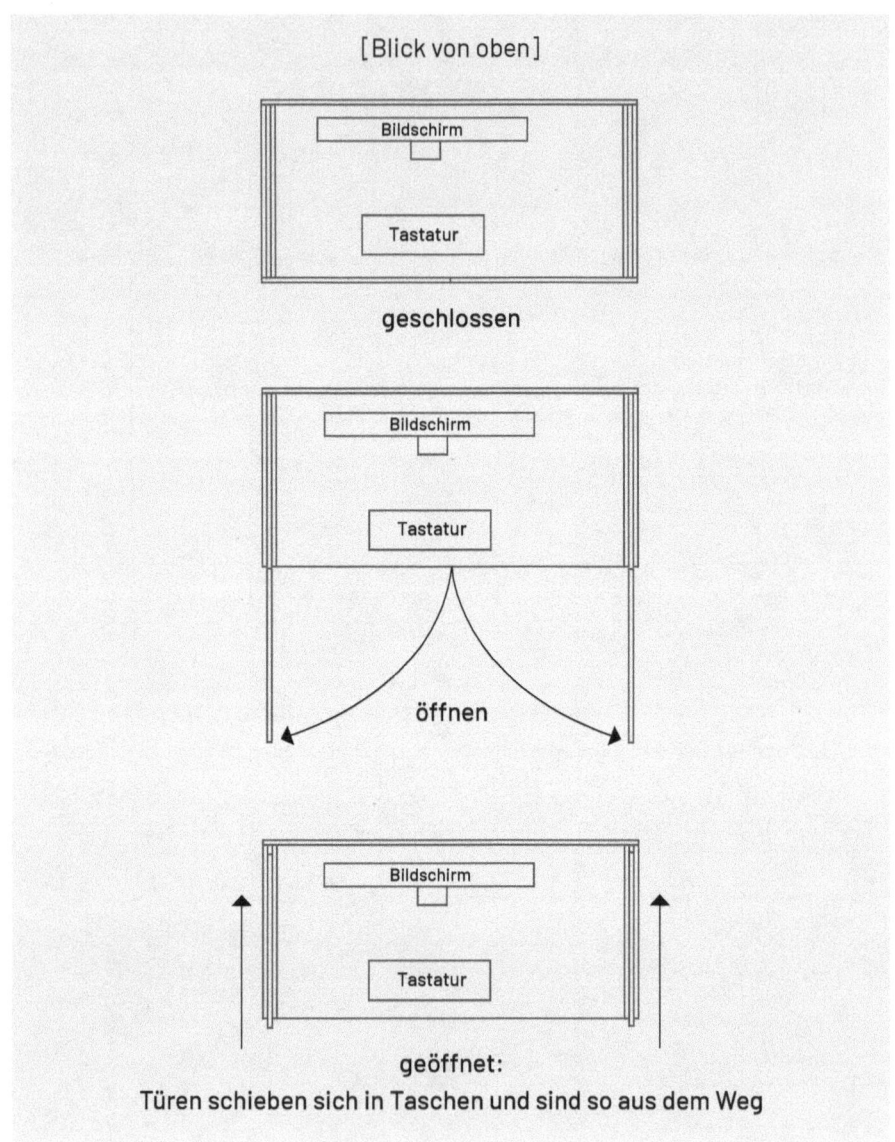

[Blick von oben]

Bildschirm

Tastatur

geschlossen

Bildschirm

Tastatur

öffnen

Bildschirm

Tastatur

geöffnet:
Türen schieben sich in Taschen und sind so aus dem Weg

Modell 1: Der Büroschrank
Variante 2

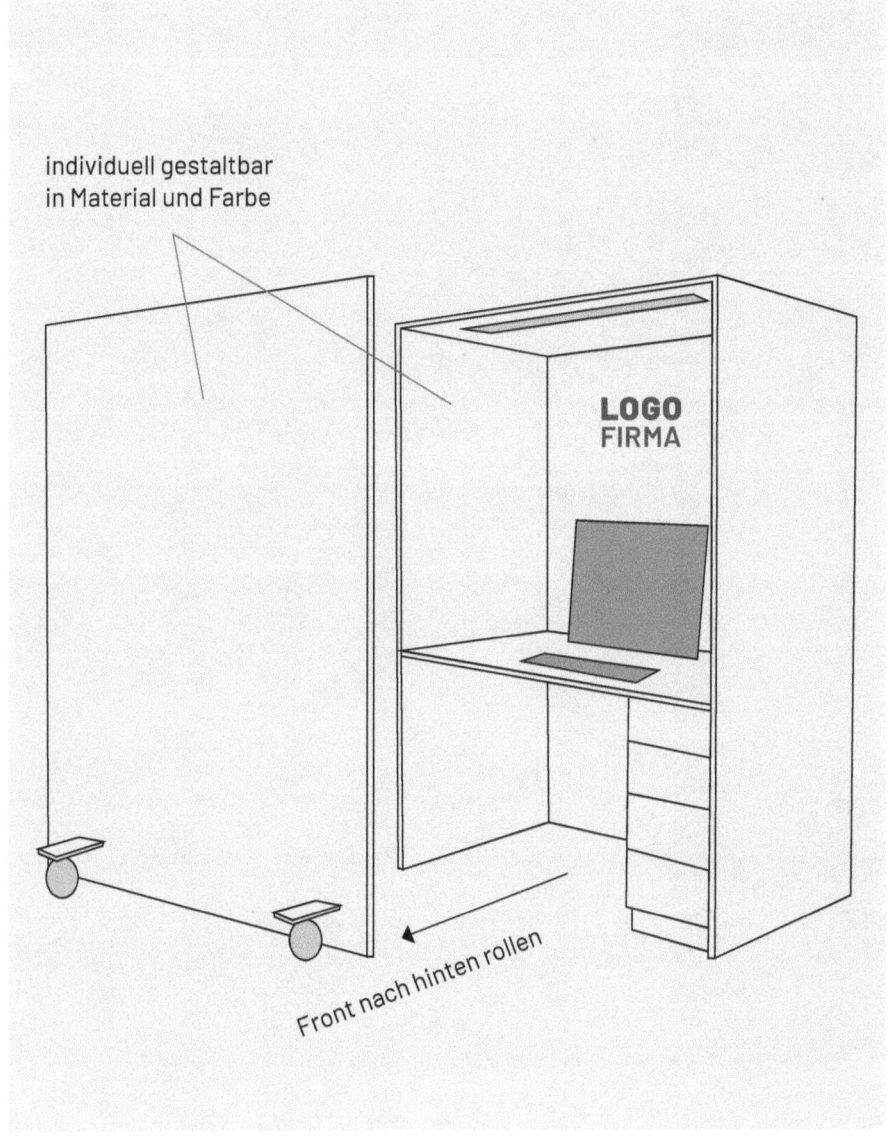

individuell gestaltbar
in Material und Farbe

LOGO
FIRMA

Front nach hinten rollen

Modell 1: Der Büroschrank
Variante 2

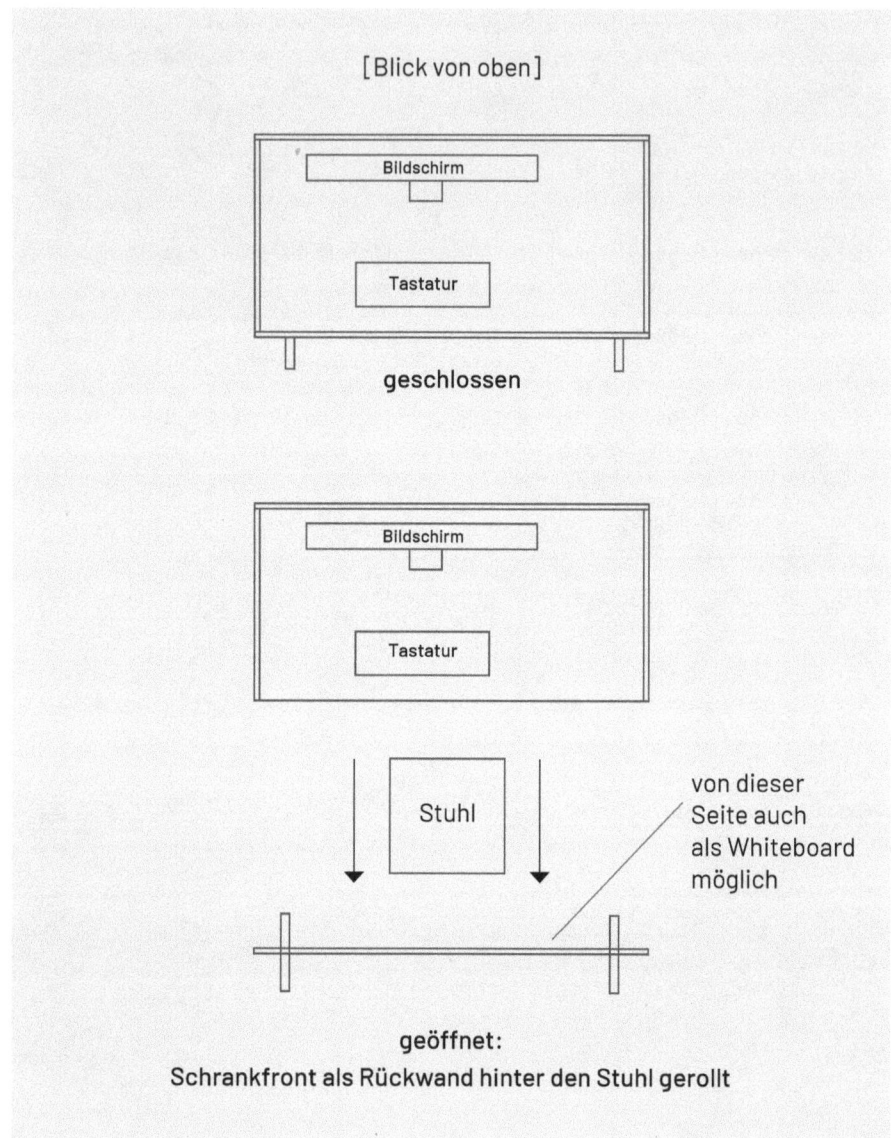

[Blick von oben]

Bildschirm

Tastatur

geschlossen

Bildschirm

Tastatur

Stuhl

von dieser
Seite auch
als Whiteboard
möglich

geöffnet:
Schrankfront als Rückwand hinter den Stuhl gerollt

Modell 2:
Der klassische Sekretär

Dies ist eine alte, gute Idee neu interpretiert. Der Sekretär, ein Möbel, das schon immer genau das können sollte: Platz zum Arbeiten bieten, aber auch die Arbeit wegschließen.

In unserer Idee ist das Möbel etwas schlichter, als das früher der Fall war. Diese Lösung bietet sich an, wenn weniger Platz zur Verfügung steht. Es reichen etwa 30 Zentimeter in der Tiefe, dazu die Breite von 150 Zentimetern, und ohne Stauraum darüber etwa 120 Zentimeter Höhe. Das ist ungefähr die Größe eines Klaviers, aber nicht so tief.

Klappt man die Tischplatte heraus, entsteht ein geräumiger Schreibtisch. Auch hier hat die Möglichkeit, den Tisch zu schließen, den schönen Vorteil, nicht bis ins Kleinste aufräumen zu müssen. Allerdings muss man seine Sachen ein wenig zusammenschieben, denn der geschlossene Platz ist deutlich kleiner. Aber es ist ebenfalls ein richtiges Möbel, es wird im privaten Umfeld nie als Arbeitsplatz auffallen, es fügt sich hervorragend in sein Wohnumfeld. Durch Ausbau des Möbels nach oben ist es möglich, noch mehr Stauraum zu erzeugen, wenn nötig bis zur Decke.

Modell 2: Der klassische Sekretär
Variante 1

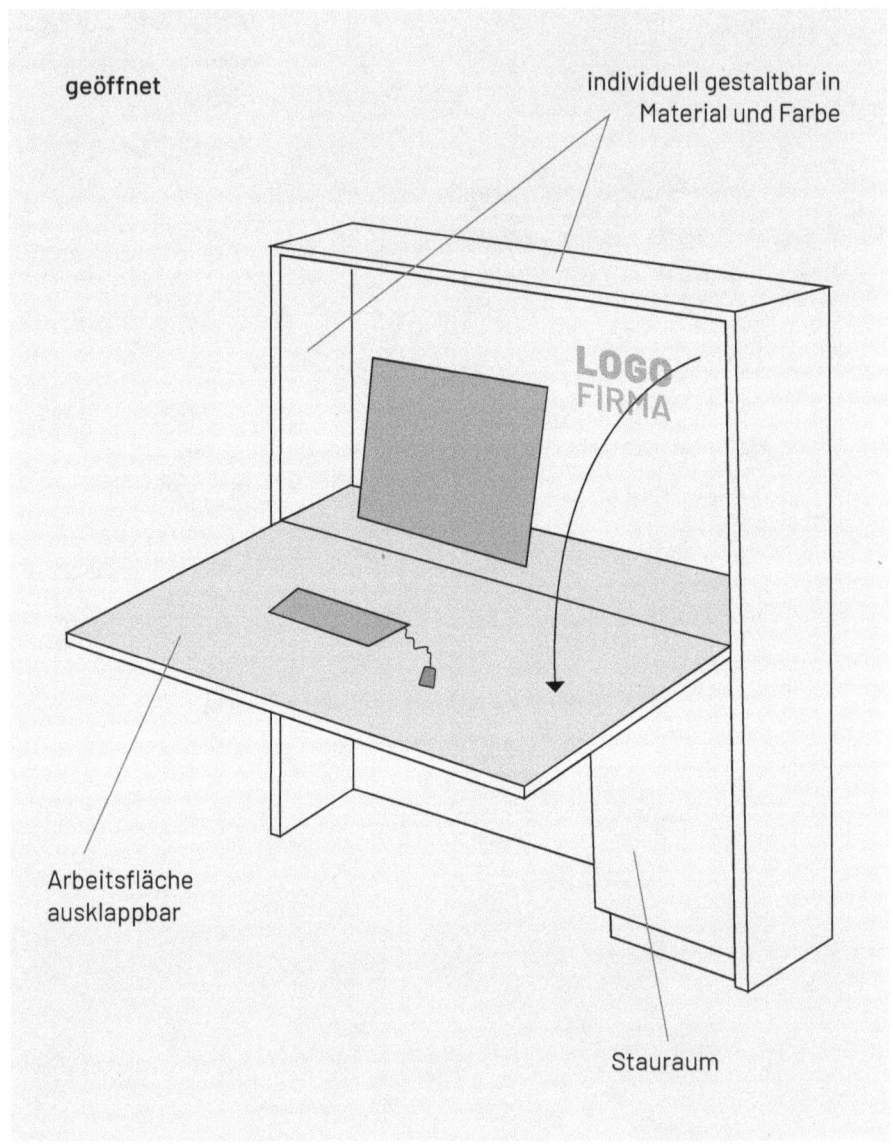

geöffnet

individuell gestaltbar in Material und Farbe

Arbeitsfläche ausklappbar

Stauraum

Modell 2: Der klassische Sekretär
Variante 1

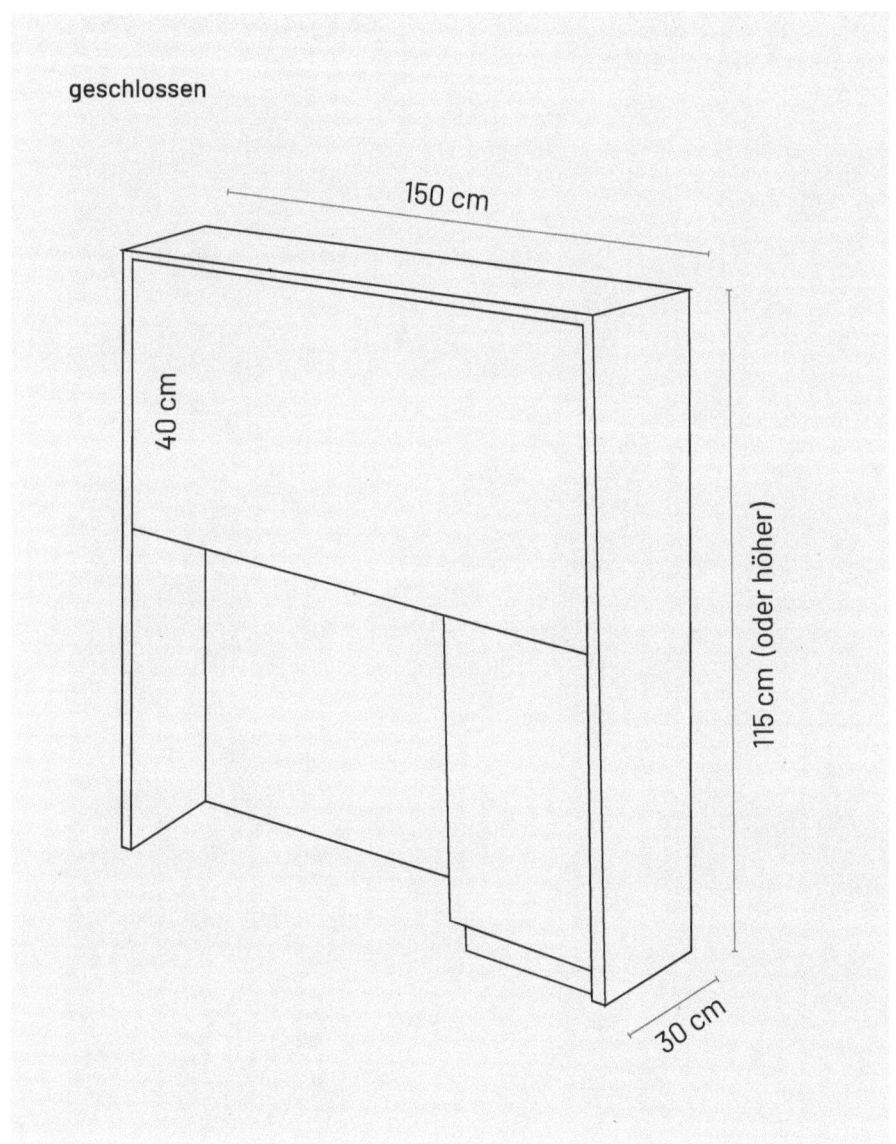

geschlossen

150 cm

40 cm

115 cm (oder höher)

30 cm

Modell 2: Der klassische Sekretär
Variante 2 – mit mehr Stauraum

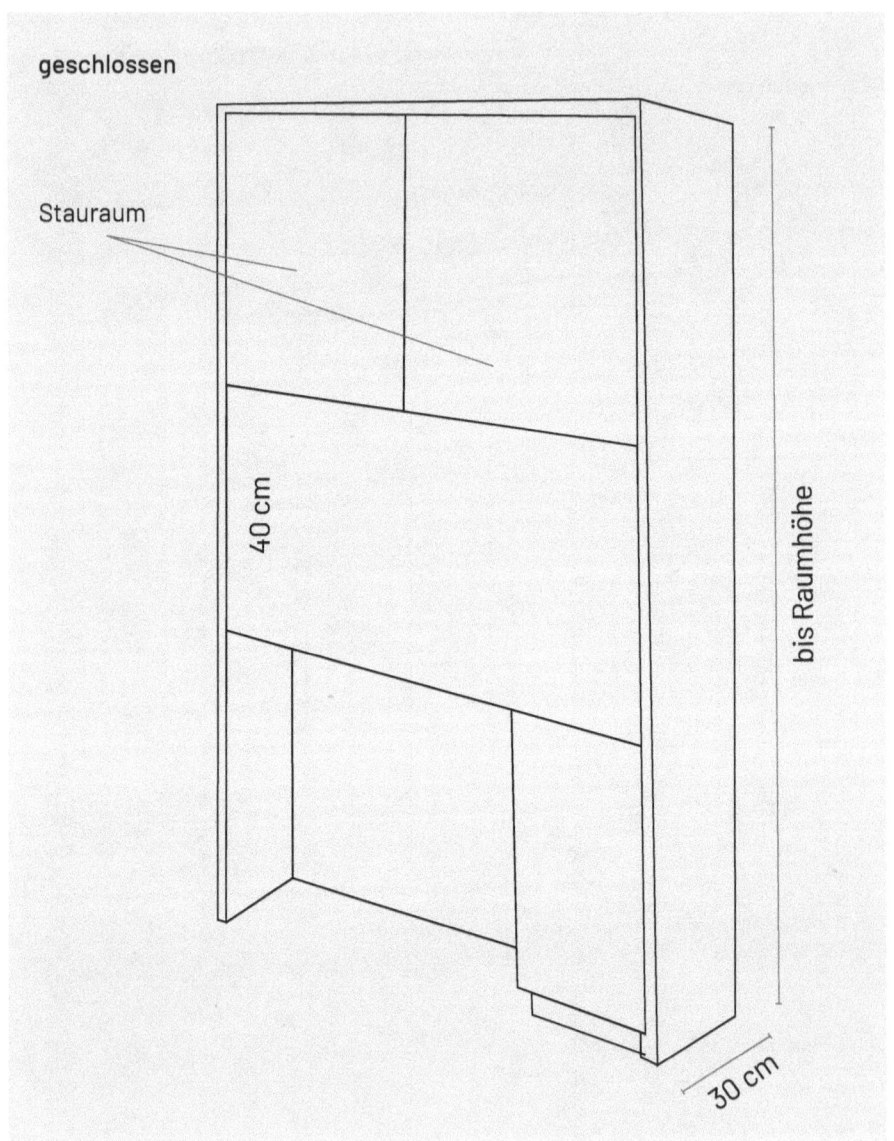

geschlossen

Stauraum

40 cm

bis Raumhöhe

30 cm

Modell 3:
Der offene Sekretär

Steht noch weniger Platz zur Verfügung, gibt es die offene Variante des Sekretärs. Dafür werden ein Bildschirm an die Wand und eine Tischplatte darunter montiert, die einklappbar ist. Dabei wäre es zum Beispiel möglich, die Wand, an der der Tisch montiert ist, in der CI-Farbe des Unternehmens zu gestalten, um so dem Platz etwas mehr Verortung zu geben. Allerdings wird die Fläche nicht durch Zuklappen verschwinden, sie bleibt sichtbar.

Trotzdem ist auch hier das Zuklappen das entscheidende Feature. Nach Feierabend zieht sich das Büro auf ein Minimum an Platz zurück und ist als solches eigentlich nicht mehr zu erkennen. Durch Regale oder Hängeschränke gibt es die Möglichkeit, mehr Stauraum zu schaffen, was immer besser ist, als Büromaterial im Schlafzimmerschrank zu verstauen, denn dann beginnt sofort die Vermischung der Bereiche. Und genau das wollen wir ja verhindern.

Modell 3: Der offene Sekretär
Tisch wandmontiert und klappbar

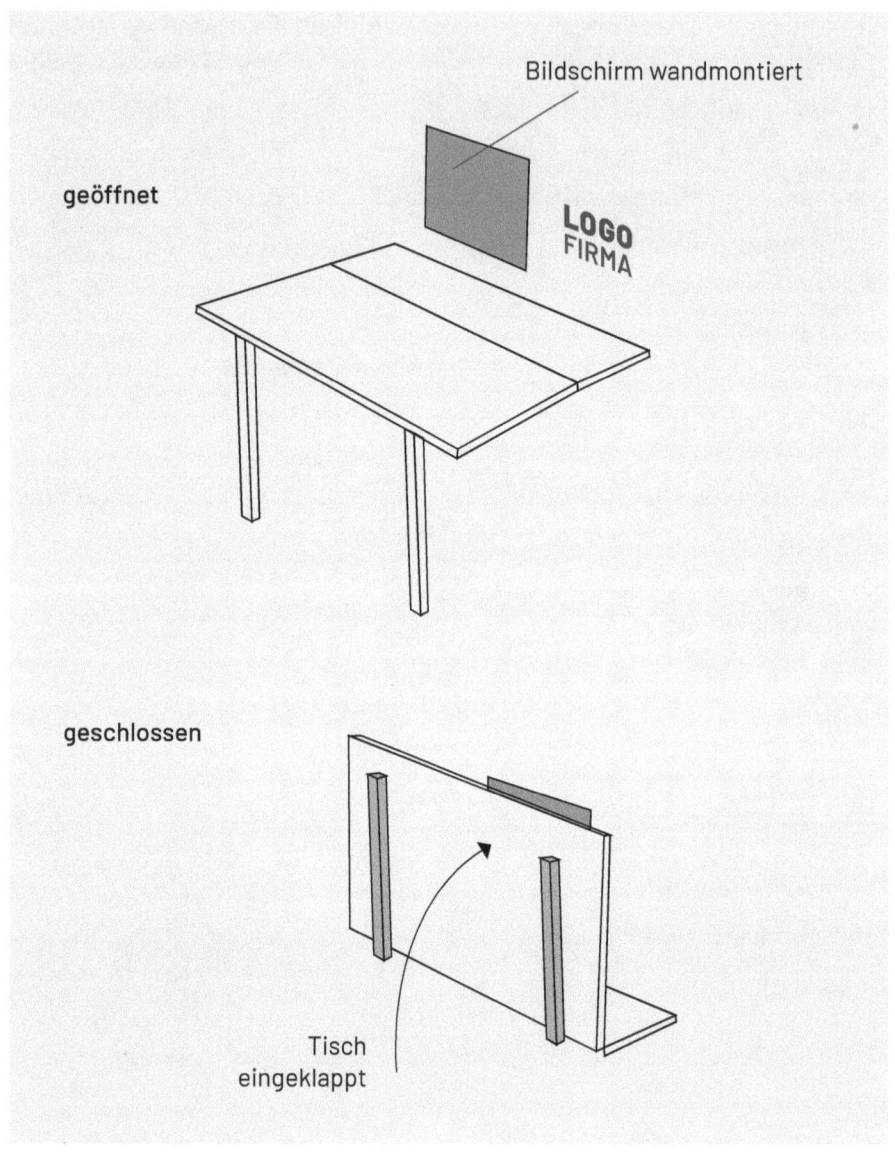

Modell 3: Der offene Sekretär
Tisch wandmontiert und klappbar

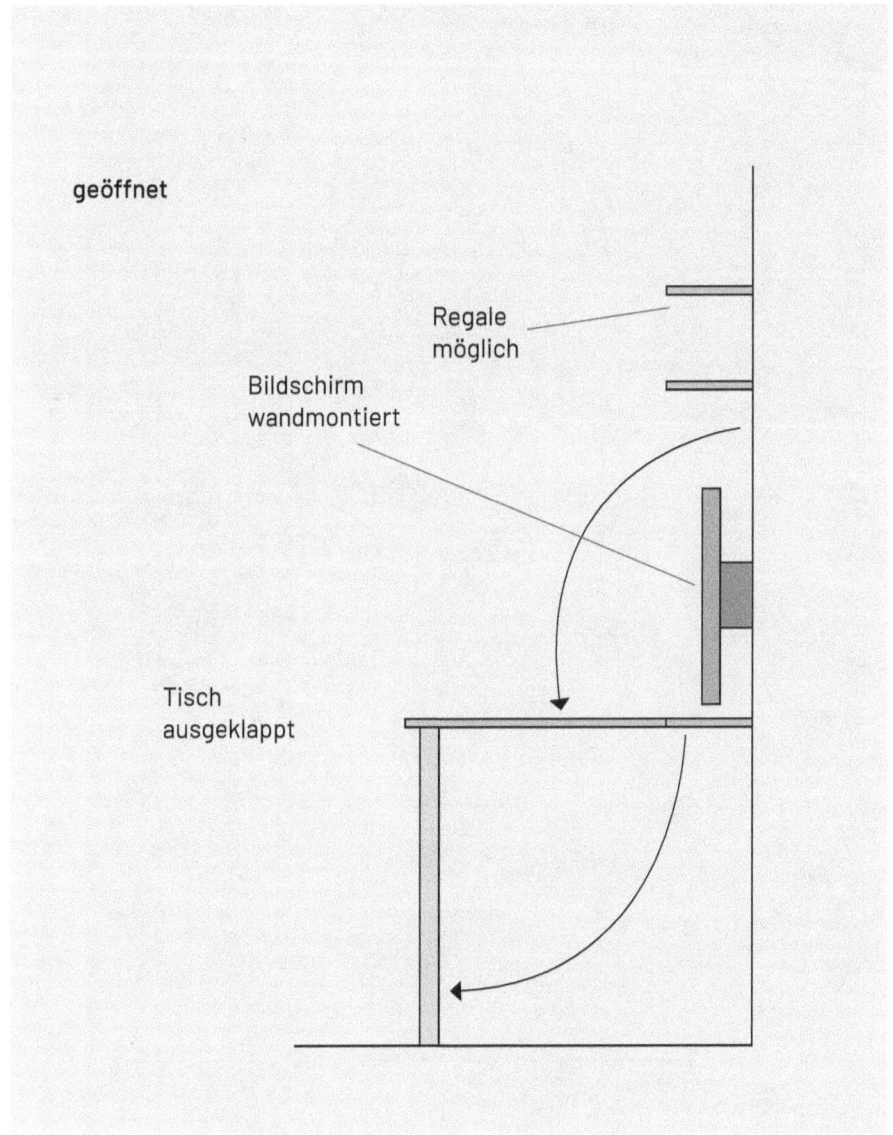

geöffnet

Regale möglich

Bildschirm wandmontiert

Tisch ausgeklappt

Modell 3: Der offene Sekretär
Tisch wandmontiert und klappbar

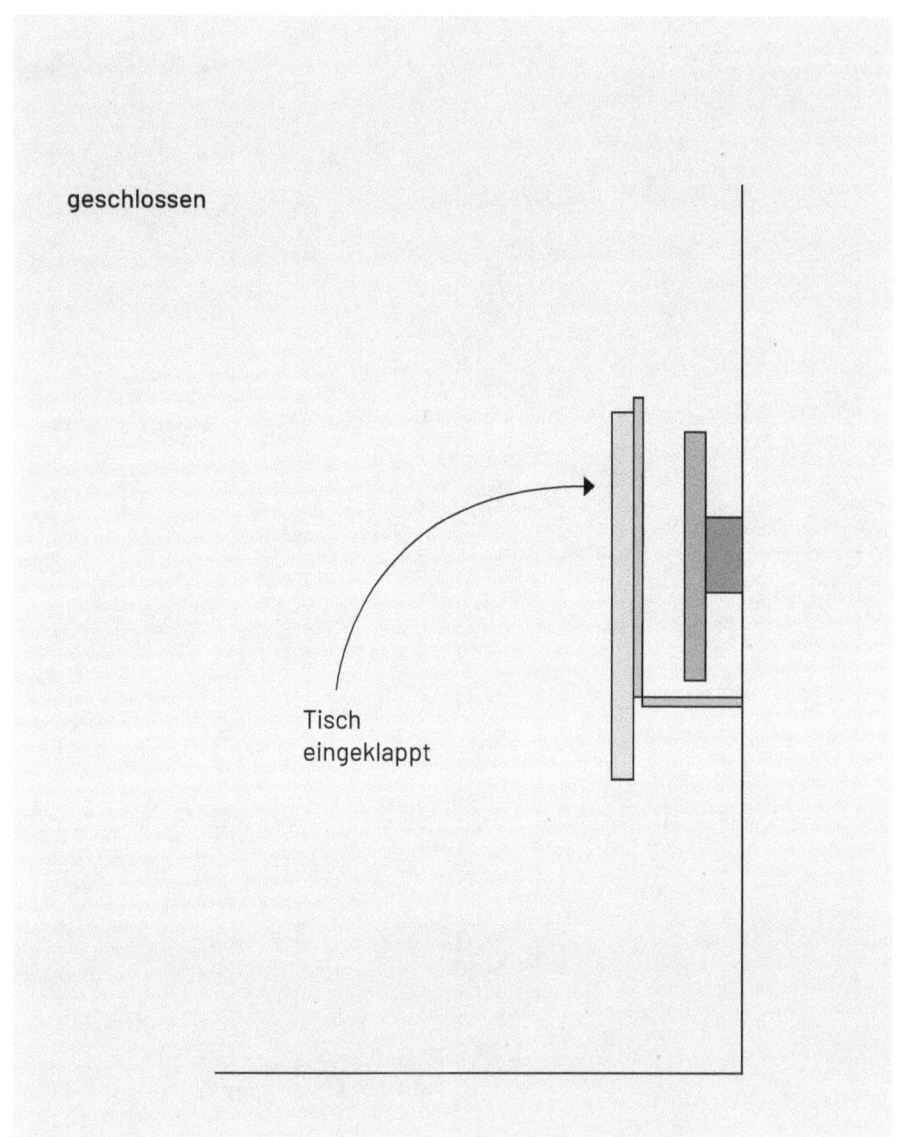

geschlossen

Tisch
eingeklappt

Modell 4:
Home-Office zum Mitnehmen

Dies ist die absolute Basic-Variante, wenn nur der Esstisch für das Home-Office zur Verfügung steht. Es ist eigentlich nur ein Koffer, in dem der Laptop steckt. Wird der Koffer auf dem Esstisch oder irgendwo sonst im privaten Umfeld aufgeklappt, so entsteht eine Arbeitsfläche, die den Platz, auf dem die Arbeit stattfindet, genau definiert. So trennen sich die Teile des Esstisches, die von dem Rest der Familie benutzt werden, deutlich ab, und jeder kennt die Grenzen. Damit entsteht ein wenig Fläche für Unterlagen und anderes Arbeitsmaterial, aber im Feierabend muss dies wieder weggeräumt werden. Nur geöffnet ist es ein Arbeitsplatz, ansonsten ein Koffer, der unbedingt einen permanenten Platz in der Wohnung braucht.

Je nach Bedarf sind die Dimensionen des Koffers anpassbar. Wenn zum Beispiel jemand kein Papier mehr benutzt, kann die Grundfläche kleiner sein als bei jemandem, der mit Papieren arbeitet. Es ist nicht die ideale Lösung, aber deutlich besser, als den Laptop einfach so auf die gemeinsame Fläche der Familie zu stellen.

Modell 4: Aufliegearbeitsplatz

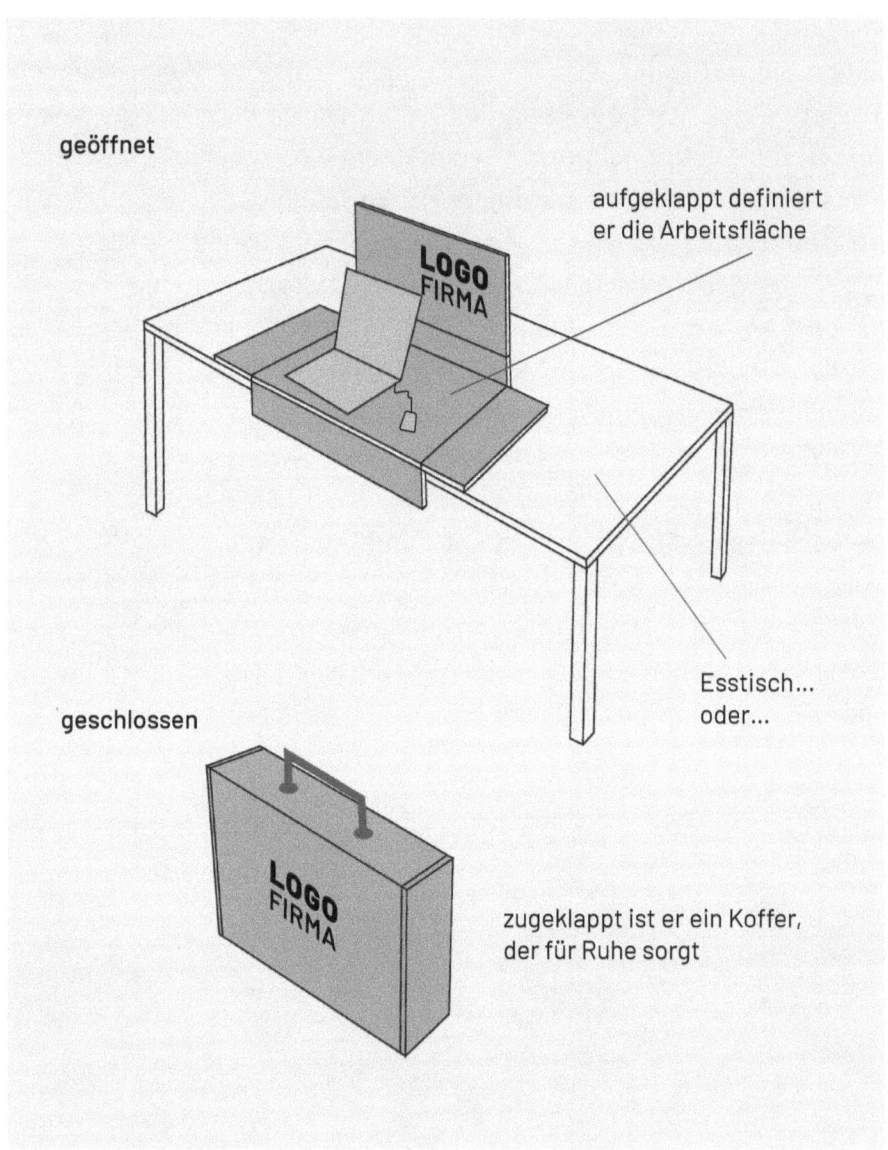

geöffnet

aufgeklappt definiert
er die Arbeitsfläche

geschlossen

Esstisch...
oder...

zugeklappt ist er ein Koffer,
der für Ruhe sorgt

Fazit

Alle vier Modelle tragen zu einer besseren Abgrenzung der Bereiche Privatleben und Arbeit bei. Das ist der wichtigste Punkt aus Sicht der Gestaltung. Sie können alle als Repräsentant des Arbeitgebers ausgewiesen werden, was dazu beiträgt, weiterhin eine Zugehörigkeit zu diesem zu fühlen. Sie können bis zu einem gewissen Grad individualisiert werden, zum Beispiel in der Auswahl der Materialien. Besonders im geschlossenen Zustand werden sie Teil der privaten Welt. Geöffnet werden und sollen sie nach „Business" aussehen.

Alle hier beschriebenen Modelle sollten im Idealfall über Zusätze so höhenverstellbar sein, dass Mitarbeiter*innen daran sowohl im Sitzen als auch im Stehen arbeiten können. So tun sie etwas für ihre Rücken und die Bewegung (siehe auch Kapitel 4).

Wir sind der Meinung, dass der Arbeitsplatz Sache des Arbeitgebers ist. Mitarbeiter*innen werden weiterhin produktiv sein und für die Firma Geld verdienen, und dafür brauchen sie eine professionelle Umgebung. Auch im Firmengebäude muss es diesen Platz geben, und wenn Mitarbeiter*innen akzeptieren, dass in ihren privaten Räumen ein Arbeitsplatz entsteht, dann sollte dieser erstens gut funktionieren und ihnen zweitens auch gefallen.

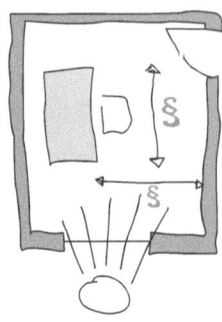

Exkurs:
Arbeitsstättenverordnung/Arbeitsstättenregeln

Nun sind juristische Texte nicht immer die pure Poesie, an dieser Stelle aber lohnt es sich, sie wörtlich zu zitieren: „Diese Verordnung dient der Sicherheit und dem Schutz der Gesundheit der Beschäftigten beim Einrichten und Betreiben von Arbeitsstätten", heißt es am Anfang der Arbeitsstättenverordnung, die durch die „Technischen Regeln für Arbeitsstätten" konkretisiert wird. Darin geht es zum Beispiel um Licht, Temperaturen oder Lüften.

Die Arbeitsstättenverordnung gilt mit einigen Einschränkungen auch für so genannte Telearbeitsplätze. Für Home-Offices gibt es noch keine Regelung. Nach unserem Verständnis entsteht dort eine Arbeitsstätte und es geht auch dort um Gesundheit, Sicherheit und Wohlbefinden. Wir wollen uns deshalb in diesem Abschnitt die Regeln aus den genannten Texten anschauen, die wir für gut übertragbar halten, damit die Beteiligten (Führungskraft, Home-Office-Koordinator*in, Arbeitnehmer*innen) sie kennen, wenn das Home-Office eingerichtet oder weiterentwickelt wird:

1. **Abmessungen:** Die Arbeitsräume müssen eine ausreichende Fläche bieten und abhängig von der Grundfläche eine ausreichende Höhe haben. Der Richtwert liegt bei acht bis zehn Quadratmetern Fläche für den

Arbeitsplatz sowie einer Raumhöhe von mindestens 2,50 Meter. Hinter dem Arbeitsplatz muss es eine Bewegungsfläche von mindestens eineinhalb Quadratmetern geben.

2. **Licht:** Es muss Tageslicht im Home-Office geben und so viel künstliche Beleuchtung, dass keine Gefahren oder Gesundheitsschäden entstehen, wenn man arbeitet, wenn es draußen noch oder schon dunkel ist.

3. **Luft und Temperatur:** Im Home-Office muss man die Fenster öffnen können, um regelmäßig für frische Luft zu sorgen. Und es muss für „eine gesundheitlich zuträgliche Raumtemperatur" gesorgt werden. Das heißt, Arbeitgeber*innen und Arbeitnehmer*innen sollten auch über Heizungen, Ventilatoren und Klimageräte sprechen.

4. **Materialien:** Böden, Decken und Wände müssen so beschaffen sein, dass sie leicht zu reinigen, vernünftig gegen Kälte und Wärme gedämmt sowie gegen Feuchtigkeit isoliert sind. Die Böden sollten keine Löcher oder andere Stolperfallen haben, die Wände keine gefährlichen Schrägen.

3
Die Technik

Dieses Kapitel ist das kürzeste in diesem Buch – und das schwierigste. Unsere Gespräche mit Unternehmen haben gezeigt, dass die technischen Anforderungen stark von der jeweiligen Tätigkeit und den Vorlieben der Mitarbeiter*innen abhängen. Lösungen werden oft individuell gefunden, gute Beratung heißt in diesen Fällen vor allem Zuhören, wenn die Betroffenen ihren Alltag beschreiben, und dann passende Vorschläge für die Einzelne und den Einzelnen machen. Einige Punkte lassen sich dennoch allgemeingültig sagen:

Die Internetleitung

Die Mindestwerte, die zu Hause vorhanden sein sollten, hängen auch von der jeweiligen Arbeit ab. Wenn Mitarbeiter*innen vor allem mit Textdokumenten, Tabellen und PDFs arbeiten und diese aus der Zentrale erhalten oder sie dort hinsenden, dann genügt eine Leitung mit einer Download-Geschwindigkeit von 25 Mbit und einem Upload von 5 Mbit. Müssen die Kolleg*innen auf ein Firmennetzwerk zugreifen, mit einer komplexen Datenverarbeitung umgehen oder mit umfangreichen Dokumenten arbeiten, sollte der Wert auf 50 (gut) oder 100 Mbit (sehr gut) beim Download und idealerweise auch beim Upload auf 50 Mbit steigen. Die Upload-Geschwindigkeit ist ausschlaggebend dafür, wie schnell die Informationen an den Server übermittelt werden, also wie schnell jemand im Firmennetzwerk agiert oder seine Arbeit dort für die anderen sichtbar wird.

Da wir gerade beim Netzwerk sind: VPN-Zugänge sind zwar schick, aber auch mit ordentlichen Kosten pro Mitarbeiter verbunden. Deshalb lohnt es sich im Wortsinne, auch hier individuell zu entscheiden, wer einen solchen

Zugang braucht — idealerweise ohne dass dabei die Sorgen der Mitarbeiter*innen aus dem ersten Kapitel aufgefrischt werden, weil sich jemand zurückgesetzt fühlt.

Der Computer

Viele Mitarbeiter*innen haben in Ergänzung zu dem stationären PC im Büro ein Tablet erhalten, für Arbeiten zwischendurch, für Besprechungen und Präsentationen. Zum Teil sind die Tablets mit ins Home-Office umgezogen. Wir raten an dieser Stelle davon ab. Für dauerhaftes Arbeiten zu Hause sollten die Mitarbeiter*innen einen Laptop erhalten. Dazu sollte es eine extra Tastatur und eine extra Maus (jeweils mit Funk) geben, weil das Arbeiten auf der Laptop-Tastatur sowie mit dessen Touchpad schon unter ergonomischen Gesichtspunkten bedenklich ist.

Wenn noch Geld im Ausstattungsetat übrig ist, raten wir auch zu ein oder zwei Bildschirmen. 17-Zoll-Laptops bieten inzwischen zwar ein gutes Bild, aber kommen immer noch nicht an die Klasse von 21- oder 23-Zoll-Schirmen heran. Ganz wichtig: Nicht auf zwei unterschiedlich großen Bildschirmen (Laptop und extern) arbeiten, es sei denn, man sehnt sich nach einem frustrierenden Augenarzt-Termin.

Das Fernsprechgerät

Die Frage „Festnetz oder mobil?" ist schnell beantwortet. Eigentlich. Es gibt zunächst keinen ersichtlichen Vorzug des Festnetzes, ein Großteil der Menschen, mit denen wir gesprochen haben, hat auch keines mehr. Für das Eigentlich gibt es zwei Gründe: die gute alte Gewohnheit und den Wohnort. Sollten Mitarbeiter*innen ihr Home-Office an einer Stelle haben, an der es eine schlechte Handynetzabdeckung gibt, braucht verlässliche Kommunikation mit den Kolleg*innen eine Festnetzleitung.

Angenehme Ergänzung dieses Themas: Mitarbeiter*innen sollten für das mobile oder feste Fernsprechgerät ein Headset erhalten. Das ist im Zweifel zwar auch mit einer kurzen Phase verbunden, in der man sich daran gewöhnen muss. Dann aber möchten das die allermeisten nicht mehr absetzen (zumindest nicht, wenn sie telefonieren) und fragen sich stattdessen, warum sie jahrelang den Hörer zwischen Hals und Schulter geklemmt haben, während sie schrieben oder tippten.

Die Programme

Für Videokonferenzen, Projektmanagement und Kollaborationen setzen die Unternehmen, die wir kennengelernt haben, viele verschiedene Programme ein. Die Angebote von Google, Apple, Microsoft waren dabei ebenso zu finden wie Produkte von Firmen, die sich auf eine Anforderung spezialisiert haben. Die gute Nachricht: Alle funktionieren gut, wir haben noch kein Programm kennengelernt, von dem jemand explizit abrät. Wegen der großen Vielfalt und der damit verbundenen Not, ständig neue Apps herunterladen zu müssen, möchten wir zwei Dinge empfehlen: Innerhalb eines Unternehmens sollte einheitlich mit einem Programm gearbeitet werden. Wenn die Entscheidung darüber, welches es sein soll, noch aussteht, kann es helfen zu schauen, auf welche Programme die wichtigsten Kunden setzen.

Mehr als nur eine hübsche Spielerei sind digitale Whiteboards und digitale Klebezettel. Ein Beispiel aus der Praxis: Die Morgenkonferenzen eines Teams finden vor dem digitalen Whiteboard statt. Dort ist alles aufgeführt von „To do" bis „Done" und es bietet Platz für Zeichnungen der Beteiligten, die dem besseren Verständnis des Besprochenen dienen. Das virtuelle Whiteboard sollte für alle Beteiligten jederzeit zugänglich sein.

4
Die Arbeitsorganisation

Zeiten

Der Ausgangspunkt ist denkbar einfach: Der Arbeitsvertrag gibt vor, wie viele Stunden die Mitarbeiter*innen pro Woche arbeiten, das Arbeitszeitgesetz erklärt, wie viel es maximal sein darf. In der Regel sind es 35 bis 40 Stunden pro Woche, maximal möglich sind 48. Das bedeutet umgerechnet: Arbeitnehmer*innen dürfen grundsätzlich acht Stunden pro Tag arbeiten. Sind es zwischen acht und zehn Stunden, müssen die Überstunden laut Gesetz innerhalb von sechs Kalendermonaten abgegolten werden. Wie viele Stunden oder welche Tage Mitarbeiter*innen im Home-Office verbringen und welche Stunden oder Tage das sind, können sie mit ihrer Führungskraft frei vereinbaren. Das kann mündlich erfolgen, es empfiehlt sich aber, das schriftlich festzulegen.

Damit ist eine klare Grenze definiert. Im Home-Office geht es aber noch mehr darum, wie kontrolliert wird, dass diese eingehalten wird. Und damit meinen wir ausdrücklich nicht kontrolliert im Sinne eines Vorgesetzten, der fürchtet, dass seine Mitarbeiter*innen zu Hause die Füße hochlegen. Wir gehen von Vertrauen zwischen Vorgesetzen und Mitarbeiter*innen aus. Es geht uns vielmehr um eine Kontrolle im Sinne der Mitarbeiter*innen, die dafür sorgt, dass sie sich nicht selbst ausbeuten und dass es eine klare Grenze zwischen Arbeit und Privatem gibt. Die 40-Stunden-Woche ist unter anderem entstanden, weil das der Zeitraum ist, in dem die meisten Menschen am leistungsfähigsten sind. Mehr als 40 Stunden Arbeit führt nicht zu besseren Ergebnissen. Wenn man Glück hat auch nicht zu schlechteren.

Dabei hilft es, wieder an unseren Schrank zu denken. Wenn man den Schrank (oder den Sekretär oder den Koffer) aufklappt beziehungsweise den Computer einschaltet, beginnt die Arbeitszeit. Wer Pause macht, checkt aus und anschließend wieder ein. Zum Feierabend wird die Technik ausgeschaltet und der Schrank zugeklappt hat. Die Mitarbeiter*innen sind dann nicht mehr erreichbar.

Da die Technik allein Mitarbeiter*innen nicht vor der Selbstausbeutung bewahrt, hilft es klare Zeitpunkte in der Arbeit zu setzen — soweit diese sinnhaft in den Abläufen sind und nicht bloß Selbstzweck. Ein Team sollte überlegen, ob es den Arbeitstag mit einer Konferenz beginnen und/oder beenden kann, um so klare Eckpunkte zu setzen. Der Rest kann, wenn es die Aufgabe erlaubt und soweit nicht andere vom Ergebnis abhängig sind, flexibel eingeteilt werden. Aber die täglichen Treffen sollten für alle Pflicht sein.

Da Konferenzen zugleich große Zeitfresser sind und im Sinne einer klaren Kommunikation knapp gehalten werden sollten (siehe Kapitel 5), müssen die Konferenzen einen eindeutigen Zweck haben. Die kleinste (und deshalb oft beste) Form ist die kurze Rücksprache mit jedem Teammitglied, wo es mit seinen aktuellen Aufgaben gerade steht.

Zu den Arbeitszeiten gehören selbstverständlich die Pausen. Dazu möchten wir nur kurz, aber mit großem Nachdruck etwas schreiben: Pausen sollten ein festes Zeitfenster haben, dass man mit derselben Disziplin einhält wie die Konferenzen. Beides genießt Priorität am Anfang, am Ende und etwa in der Mitte des Arbeitstages. Wer länger als sechs Stunden arbeitet, muss mindestens 30 Minuten Pause machen, bei mehr als neun Stunden sind es mindestens 45 Minuten. Zwischen Feierabend und dem Start in den nächsten Arbeitstag müssen wenigstens elf Stunden liegen.

Pausen sind auch wichtig mit Blick auf die Frage, wie und wann Arbeitnehmer erreichbar sein müssen. Wenn sie mit der Führungskraft vereinbaren, dass sie durchgehend erreichbar sein müssen, was rechtlich möglich ist, dann sind die Pausen die Phasen, in denen das dennoch nicht zulässig ist. Diese sollten Arbeitnehmer dann zu einem festen vereinbarten Zeitpunkt oder nach einem klaren Muster (explizite Abmeldung in die Pause) nehmen.

Bis 2019 waren Arbeitgeber*innen ausschließlich verpflichtet, Mehrarbeit zu erfassen. Der Europäische Gerichtshof hat im Mai 2019 entschieden, dass deutsche Unternehmen in Zukunft verpflichtet sind, jede Arbeitsstunde zu dokumentieren. Noch ist offen, wie diese Pflicht und die dazugehörige rechtliche Grundlage aussehen. Es ist davon auszugehen, dass das Arbeitszeitgesetz entsprechend geändert wird. Arbeitgeber*innen werden laut Urteil „ein objektives, verlässliches und zugängliches System" entwickeln müssen, mit dem die Arbeitszeit dokumentiert wird. Spannend wird in diesem Zusammenhang, wie flexible Arbeitsmodelle und das Arbeiten im Home-Office geregelt werden. Arbeitgeber werden, wenn das deutsche Gesetz entsprechend geändert ist, entscheiden, ob sie die Arbeitszeiten über eine Software erfassen oder einen analogen Weg gehen. Das wird dann auch die Grundlage sein, auf die sich Vorgesetzte und Kolleg*innen im Home-Office verständigen.

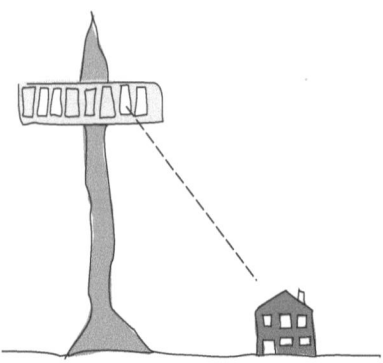

Das Verhältnis zwischen Zentrale und Home-Office

Ein ebenso schöner wie anspruchsvoller Ansatz stammt aus dem Sport: Das Team schreibt die Regeln für sich selbst auf. Es formuliert die Grundsätze, nach denen es handeln möchte. Alle Spieler*innen unterschreiben diese Grundsätze und hängen die Liste in die Kabine. Beide Seiten, Team und Trainer*in, halten sich daran. Das sind dann Sätze wie „Wir geben immer alles", „Wir sind pünktlich", „Wir halten zusammen", „Wir respektieren einander", „Die gewählte Ordnung wird akzeptiert". Wenn Mannschaften in Krisen geraten, können Trainer*innen gut auf diese Sätze verweisen, weil die Krise fast immer damit zusammenhängt, dass ein oder mehrere Sätze nicht eingehalten werden. Wenn fundamentale Punkte fehlen, kann der Trainer/ die Trainerin darauf hinweisen, letztlich aber entscheidet das Team. Für Extremfälle sollte er/sie ein Vetorecht haben, das verhindert, dass krasse Formulierungen oder ähnliches in den Regeln verankert werden. Wie so oft bei Vetorechten muss man davon zurückhaltend Gebrauch machen.

Ähnlich wie bei der Selbsteinschätzung in Feedbackgesprächen kann es sehr helfen, wenn sich ein Team die Dinge, die den Rahmen seiner Arbeit bilden, bewusst macht, mögliche Kollisionen bespricht und zu einem einstimmigen Ergebnis kommt. Im Unternehmen ist insbesondere das Verhältnis zwischen Zentrale und Home-Office ein gut geeigneter Punkt für diesen Ansatz, weil dabei Wünsche und Sorgen sowie dazu passende Lösungen eine besondere Rolle spielen.

Wenn die Kolleg*innen, die zu Hause arbeiten, und die Kolleg*innen in der Zentrale die Regeln ihres Zusammenarbeitens schreiben, sollten sie dabei folgende Fragen berücksichtigen:

1. Was müssen wir in Konferenzen besprechen? Wie viele Konferenzen brauchen wir? Zu welchen Zeitpunkten? Wie können wir die Zeiten für Konferenzen dabei so knapp wie möglich halten?

2. Wie erhalten Kolleg*innen, die zu Hause arbeiten, alle wesentlichen Informationen über die Dinge, die im Unternehmen geschehen und besprochen werden? Welche Wege gibt es, damit einzelne Kolleg*innen ihre Fragen an die Zentrale stellen können? Welche Grenzen gibt es dabei?

3. Wie wird vereinbart, dass Kolleg*innen aus dem Home-Office bestimmte Ergebnisse ihrer Arbeit verbindlich zu einem festgelegten Zeitpunkt schicken? Wer legt diese Zeitpunkte fest?

Die Antworten, die gemeinsam auf diese Fragen gefunden werden, bieten ein gutes Gerüst für das Verhältnis zwischen Zentrale und Home-Office. Für Führungskräfte gibt es daneben einige weitere Punkte zu bedenken: die Größe des/der Teams, Wertschätzung, die Möglichkeit zur Rückmeldung an die Zentrale, wenn etwas im Verhältnis zum Home-Office nicht stimmt. Wir empfehlen, vor allem die Punkte 2 und 3 besonders zu beachten, weil sie wesentlich sind für die Kultur, die im Verhältnis zwischen Zentrale und Home-Office aufgebaut wird. Um es auf einen kalenderweisheiten-ähnlichen Satz zu bringen: Wer eine Gruppe führt, legt deren Kultur fest.

Grundsätzlich ist eine Größe von bis zu acht Mitgliedern pro Team ideal, um mit allen Beteiligten vernünftig und regelmäßig kommunizieren zu können. Bei Teams, deren Mitglieder alle in der Zentrale arbeiten, kann sie leicht größer sein, weil sich bestimmte Fragen im direkten Austausch zwischen den Mitgliedern klären lassen. Mehr als zehn sollten es aber auch dort nicht sein. Übertragen auf das Home-Office bedeutet das: Mehr als acht sollten es nicht sein. Die Größe eines Teams muss daher unter Umständen neu gedacht und definiert werden. Geschieht dies nicht, droht der Kommunikationsaufwand für die Menschen in der Zentrale (Führungskraft, Home-Office-Koordinator*in) zu hoch zu werden. Das, was dann an Kommunikation bleibt, ist für die Kolleg*innen im Home-Office unbefriedigend, unter anderem weil Lob und Rückmeldemöglichkeiten nicht im erforderlichen Maße möglich sind.

Angesichts der im ersten Kapitel formulierten Sorge, dass Leistung nicht gesehen wird oder nicht fundiert bewertet werden kann, spielt Anerkennung im Verhältnis zwischen Zentrale und Home-Office eine noch wichtigere Rolle. Die gute Nachricht in diesem Zusammenhang: Es ist leichter, den Einzelnen zu loben, weil man nicht berücksichtigen muss, dass andere das Lob mitbekommen und ähnliche Reaktionen erwarten beziehungsweise von Ungerechtigkeit sprechen, wenn das Lob ausbleibt. Loben im Großraum-Büro ist deutlich schwieriger. Gerade die erste Aufgabe im Home-Office sollte so angelegt sein, dass sie leicht zu einem Erfolgserlebnis führen kann und es direkt möglich ist, den Mitarbeiter zu loben.

Es muss eine klare Zuständigkeit in der Geschäftsführung für Probleme geben. Das heißt: Es muss für Teamleiter*innen und Home-Office-Koordinator*innen die Möglichkeit geben, Aufgaben/Herausforderungen, die sich aus einer Abteilung ergeben, an die Vorgesetzten zu geben. Mit ihnen wird eine Lösung erarbeitet oder das Problem zu einer Aufgabe gemacht, die das ganze Unternehmen oder ein Zusammenschluss verschiedener Teams angeht.

Wichtige Werte:
Verbindlichkeit und Erreichbarkeit

Wir wollen an dieser Stelle keine Kommunikationsmodelle strapazieren, aber ein paar wesentliche Punkte zu Sendern und Empfängern ansprechen:

1. Der Sender muss sich bewusst machen, dass seine Nachricht zunächst einmal alles ist, was der Empfänger erhält. Da er ihn nicht sieht, nicht beobachten kann, kann er nicht reagieren oder eingreifen. Deshalb müssen Vorgaben für Mitarbeiter*innen im Home-Office klar sein.

2. Da jeder Empfänger anders wahrnimmt, sollten die Vorgaben so individuell wie möglich sein. Das heißt: Sie werden entweder alle einzeln formuliert. Oder es gibt in Rundmails an alle oder Konferenzen mit allen Kolleg*innen individuelle Hinweise an die einzelnen.

3. Die Vorgaben müssen verbindlich sein. Sie müssen wiederholt (zum Beispiel in den Konferenzen) zur Sprache kommen, es muss abgefragt werden, ob sie erledigt wurden, und es muss eine erkennbare Reaktion geben, wenn sie erledigt wurden. Wer verbindlich führt, erhöht die Chancen, dass Aufgaben als verbindlich wahrgenommen und erfüllt werden.

4. Wer Vorgaben macht, muss erreichbar sein für Nachfragen. Der Weg (Mail, Telefon, Chat) ist zweitrangig. Aber den Grundsatz muss sich der Sender bewusst machen.

All hier genannten Punkte zeigen, wie anspruchsvoll die Rolle des Senders ist. Deshalb ist aus unserer Sicht ganz entscheidend, dass jemand die Aufgabe des Senders hauptverantwortlich und quasi hauptberuflich übernimmt. Wenn Vorgesetzte diese Aufgabe mit übernehmen oder Assistent*innen sie zu anderen Aufgaben hinzu bekommen, ist die Gefahr groß, dass die hier genannten Anforderungen nicht erfüllt werden und die Arbeit im Home-Office nicht optimal getan werden kann. Wir schlagen deshalb vor, dass in Unternehmen oder Teams ein(e) Home-Office-Koordinator*in eingeführt wird.

Home-Office-Koordinator*in

Wir haben in einem der Unternehmen, das wir besucht haben, einen prägenden Satz gehört: „Für diejenigen, die am Produkt arbeiten, macht das Home-Office den Arbeitsalltag besser. Für diejenigen, die organisieren müssen, ist es härter." In Gesprächen mit Führungskräften erfuhren wir passend dazu, dass sie für die Kommunikation mit den Kolleg*innen in den Home-Offices am Anfang des Tages eine Stunde zusätzlich einplanen und die Gespräche im Laufe des weiteren Tages in Summe noch einmal eine gute Stunde zusätzlicher Arbeit ergeben. Je nach Größe eines Unternehmens wird die Führungskraft diese Zeit selbst aufbringen und die übrigen Aufgaben anpassen müssen. Wir hoffen mit den Hinweisen, die wir in diesem Kapitel geben, einiges davon zu erleichtern. Für Unternehmen, die größer sind beziehungsweise es sich erlauben können oder möchten, schlagen wir den Posten der Home-Office-Koordinator*innen vor.

Dieser Kollege/Diese Kollegin soll, so unsere Idee, die lebende Verbindung zwischen Zentrale und Home-Office sein. Das heißt:

1. Sie/Er ist bei sämtlichen Teambesprechungen dabei und schickt anschließend die Rundmails.

2. Sie/Er ist dafür verantwortlich, dass alle Beteiligten (Führungskraft genauso wie Kolleg*innen zu Hause) pünktlich in den Besprechungen sind.

3. Sie/Er steht den ganzen Tag über für die Anfragen aus den Home-Offices zur Verfügung, wobei die dafür vereinbarten Regeln (siehe „Telefon-Joker") auch in der Kommunikation mit den Koordinator*innen gelten.

4. Sie/Er achtet darauf, dass Abgabezeitpunkte für Arbeit im Home-Office eingehalten werden und weist alle Betroffenen daraufhin, wenn dies aus nachvollziehbaren Gründen einmal nicht möglich ist.

5. Sie/Er besucht nach frühzeitiger Anmeldung die Kolleg*innen zu Hause und schaut, ob dort alles in Ordnung ist, also zum Beispiel der Arbeitsschutz gewährleistet ist. Das setzt voraus, dass die Kolleg*innen und der Betriebsrat damit einverstanden sind.

6. Sie/Er kümmert sich folglich deutlich stärker um die Wünsche und Sorgen der Kolleg*innen zu Hause, als dies der Führungskraft möglich ist. Die Entscheidung für eine Koordinatorin oder einen Koordinator ist deshalb auch eine positive Entscheidung für die Kultur in einem Unternehmen.

7. Der Koordinator/Die Koordinator*in sollte sich bewusst machen, wie unterschiedlich Sprache verwendet und wahrgenommen wird. Sie/Er sollte deshalb eine Art Vokabel-Liste entwickeln, wie regelmäßig wiederkehrende Aufgaben formuliert werden und was bestimmte Begriffe für Kollegen bedeuten. Letztlich kann diese Liste aussehen wie ein Wörterbuch, in dem verschiedene Bedeutungen eines Wortes aufgeführt sind.

Nach unserer Schätzung erfordert eine Home-Office-Koordinatorin oder ein -Koordinator eine halbe Stelle. Idealerweise wird dafür ein Kollege/eine Kollegin gefunden, der/die in Teilzeit arbeiten möchte, und ausschließlich diese Aufgabe übernimmt. Alternativ kann die Stundenzahl von Kolleg*innen in Teilzeit aufgestockt werden.

Wenn Unternehmen die Arbeit der Koordinator*innen reflektieren, sollte insbesondere in den Monaten nach dessen Start ein Punkt explizit erörtert werden: Home-Office-Koordinator*innen dürfen die Dinge nicht verkomplizieren. Ihre Aufgabenbeschreibung muss immer wieder daraufhin geprüft werden, ob sie Dinge erleichtern oder ermöglichen. Bitte nicht verwechseln: Wenn Home-Office-Koordinator*innen Prozesse infragestellen, ist das wertvoll und nicht verkomplizierend.

Arbeitsweg

Der Titel dieses Abschnitts wirkt zunächst widersinnig. Einer der Vorteile des Home-Office ist doch gerade, dass man die Zeit spart, die man sonst brauchen würde, um ins Büro zu kommen. Arbeitswege haben neben dem Ziel aber noch einen anderen Zweck. Sie markieren den Übergang vom Privaten in die Arbeitswelt und wieder zurück. Der Arbeitsweg hilft, Dinge abzuschließen, noch zu verarbeiten und dann nicht mit in die Wohnung zu nehmen. Deshalb möchten wir an dieser Stelle anregen, über einen Weg an den Heimarbeitsplatz nachzudenken. Den Übergang können Joggen oder Yoga bilden, es kann aber auch helfen, eine bis drei Runden um den Block zu gehen und dann mit der Arbeit anzufangen. Das Schöne dabei: Wenn es regnet, muss man nicht raus, aber wenn es nicht regnet, kann man.

Es geht wie an manch anderer Stelle in diesem Buch darum, sich Rituale und damit Strukturen zu schaffen. Der „neue Weg zur Arbeit" gehört dazu. Wer einen findet, wird mental anders an die Arbeit gehen, nämlich mit einer klaren Grenze, und kann dann auch am anderen Ende des Arbeitstages besser eine Grenze ziehen.

Gesundheit

Zu den Themen rund ums Home-Office gibt es inzwischen eine Reihe von Online-Workshops, wie sie zum Beispiel die DAK-Gesundheit im Rahmen des betrieblichen Gesundheitsmanagements (BGM) anbietet. Sie hat uns dankenswerterweise drei Interviewpartner (BGM-Kooperationspartner der DAK-Gesundheit) vermittelt, mit denen wir über Bewegung, Ernährung und Life-Balance gesprochen haben.

Bewegung

Gerhard Huber übertreibt ein bisschen, um zu veranschaulichen, wie Mitarbeiter*innen im Home-Office dafür sorgen können, dass sie sich genügend bewegen: „Kaffeemaschine in den Keller stellen und den Drucker aufs Nachbargrundstück", sagt der Professor am Institut für Sport und Sportwissenschaft der Universität Heidelberg und Präsident des Deutschen Verbands für Gesundheitssport und Sporttherapie.

Es ist empirisch gut belegt, dass viele Arbeitnehmer*innen zu viel sitzen. Und es besteht die Gefahr, dass sich diese statistischen Werte noch verschlimmern, weil jetzt ja sogar der Weg von zu Hause bis zum Auto und vom Auto bis ins Büro wegfällt. Gerhard Huber sieht das Sitzen kritisch. Warum? „Weil körperlich nichts passiert. Der Energieverbrauch ist nur minimal höher als im Liegen. Die Muskulatur ist nicht nur dazu da, die Gelenke zu bewegen, sie ist auch ein Stoffwechselorgan." Deshalb gilt für die Muskulatur das Prinzip „Use it or loose it". Wenn man nur sitzt, schwindet die Muskulatur, es kommt zu einseitigen Belastungen und Verspannungen. Deshalb sollte der Mensch am Tag acht Stunden schlafen, acht Stunden körperlich aktiv sein und nicht länger als acht Stunden sitzen. Zur Beruhigung: Körperlich aktiv sein meint nicht ausschließlich Sport, dazu zählen auch Zähneputzen im Stehen und die Treppe rauf oder runter laufen.

Den Folgen des Sitzens können Arbeitnehmer*innen auf verschiedene Weise begegnen. Der erste und ein großer Schritt ist getan, wenn die Betroffenen anerkennen, dass Sitzen nicht gut für sie ist. Dieses Bewusstsein sorgt dafür, dass sie den nicht guten Zustand ändern wollen. Experte Gerhard Huber rät dazu, Sitzen zu vermeiden, zu reduzieren, zu unterbrechen oder, wenn das alles nicht gehen sollte, es wenigstens zu kompensieren. Je mehr sich Arbeitnehmer*innen bewegen, wenn sie nicht arbeiten, desto geringer sind dann zumindest die Folgen des Sitzens.

Besser aber ist es, zu vermeiden, zu reduzieren oder zu unterbrechen. Vermeiden meint schlicht, im Stehen zu arbeiten. „Dabei wird fast doppelt so viel Energie verbraucht wie Sitzen", sagt Huber. Reduzieren heißt in diesem Zusammenhang zum Beispiel im Stehen zu telefonieren, wenn das möglich ist, und dabei auf und ab zu laufen. „Das regt auch die Gehirntätigkeit an, das heißt, man argumentiert besser in den Telefonkonferenzen."

Unterbrechen in Hubers Sinne bedeutet, alle 20 bis 30 Minuten eine Pause für Bewegung einzulegen. Damit sind wir wieder bei der Übertreibung vom Anfang. Arbeitnehmer*innen neigen dazu, alles um sich herum zu platzieren. Dabei ist es eine Chance auf Bewegung, wenn der Drucker nicht am Schreibtisch steht und man für sein Getränk ein paar Schritte machen muss. Noch wirkungsvoller sind Ausgleichsübungen in den kurzen Pausen: 30-mal auf die Fußspitzen gehen oder zehnmal auf jeweils einem Bein stehen. Gerhard Huber schlägt vor, zu jeder vollen Stunde eine Kräftigungsübung zu machen (etwa den Locher am ausgestreckten Arm hochhalten) und zu jeder halben Stunde sich zu strecken oder dehnen.

In der Praxis hat der Experte von der Uni Heidelberg zwei Möglichkeiten kennengelernt, den Bewegungsbedarf zu nutzen und andere Wünsche der Mitarbeiter*innen im Home-Office gleich mit zu erfüllen. Um soziale Kontakte nicht nur virtuell zu pflegen, haben sich Kolleg*innen zu Brown-Bag-Breaks getroffen, also ihr Mittagessen so mitgebracht, dass sie gemeinsam laufen und dabei essen können. Und kleine Arbeitsgruppen bei Seminaren oder Workshops haben sich nicht irgendwo in eine Ecke gesetzt, um eine Aufgabe zu erledigen, sondern sich gemeinsam auf den Weg gemacht und dabei diskutiert. Wir kommen gleich noch einmal darauf zurück, wenn wir im Abschnitt „Soziale Aspekte" über den „Wandertag" schreiben.

Zu den besonderen Bewegungsideen zählt schließlich, sich einen Weg zur und von der Arbeit zu schaffen, um sich vor deren Beginn sowie zum Feierabend nochmal zu bewegen. Dafür hat Gerhard Huber eine weitere schöne Übertreibung parat: „Gehen Sie mit dem Hund raus – auch wenn Sie gar keinen Hund haben."

Ernährung

Die Worte Spaß und Wohlfühlen tauchten überraschend oft im Gespräch mit Hanna-Kathrin Kraaibeek, Geschäftsführerin der nach ihr benannten Ernährungsberatungs-Gesellschaft, auf. Schlechtes Gewissen und zu hohe Ziele sind aus ihrer Sicht nicht geeignet, wenn es darum geht, wann man was im Home-Office isst. „Ernährung muss auch Spaß machen und sie muss einem gut tun", sagt Hanna-Kathrin Kraaibeek. „Wir müssen uns auch belohnen, und bei einer Tomate springt das Belohnungssystem nachvollziehbarer Weise nicht an." Das zwei Mal verwendete „auch" bedeutet zugleich, dass es um eine gute Mitte geht.

Die ersten Rückmeldungen aus dem Home-Office sind von einer solchen Ausgewogenheit ein gutes Stück entfernt. Ein Großteil der Arbeitnehmer*innen gibt an, sich ungesünder zu ernähren, den Weg zum Kühlschrank als zu kurz zu empfinden, sich weniger zu bewegen sowie mehr Süßigkeiten und Alkohol zu konsumieren. Der Hoffnungsschimmer: Viele berichten auch, dass sie Essen nun mehr planen, etwa weil sie gemeinsam mit der Familie zu Hause essen. Das Gewicht hat zugenommen, das Bewusstsein für die Ernährung aber auch. Hanna-Kathrin Kraaibeek empfiehlt deshalb, sich mit den Nährstoffen zu beschäftigen und mit deren Hilfe die Mahlzeiten und Gerichte zu entwickeln. „Es gibt viele Ideen rund um das Thema Meal Prep [Vorbereitung von Mahlzeiten]. Tolle Anregungen für die fixe, ausgewogene Mahlzeit finden Arbeitnehmer*innen unter anderem auf der Seite der DAK-Gesundheit." Bei ausgewogenen Gerichten sind alle essenziellen Nährstoffe, Vitamine und Mineralstoffe enthalten. So sind Kohlenhydrate beim Mittagessen absolut okay, während sie in den Abendstunden merklich reduziert werden sollten.

Der zweite Tipp der Ernährungsexpertin betrifft die Zeitpunkte für die Mahlzeiten. Grundsätzlich rät sie eher zu drei als zu fünf Mahlzeiten, letztlich sei dies aber eine Typfrage. Das heißt: Die Arbeitnehmer*innen sollten sich drei Fragen stellen: Was tut mir gut? Was läuft in meiner Ernährung schon prima? Was kann ich verbessern? Die Antworten schaffen dann den Rhythmus, den die oder der einzelne braucht. Das kann bei Anhängern des Intervall-Fastens bedeuten, dass sie erst in der Mitte des Arbeitstages zum ersten Mal essen, das kann genauso eine gut ausgestatte Frühstückspause ergeben. Wichtig ist nur: Das Ganze sollte einen Rhythmus kriegen, denn wer arbeitet, braucht auch Energie. Und spätestens mittags sollte es die erste Essenpause geben, sonst lebt der Körper zu sehr von den Reserven.

Hanna-Kathrin Kraaibeek bedauert, dass für viele Arbeitnehmer*innen durch das Home-Office die Kantine wegfällt, weil sie den Rhythmus erleichtert und auch für die sozialen Aspekte des Essens eine große Rolle spielt. Sie schlägt deshalb vor, die Ernährung zu Hause mit neuen positiven Erlebnissen zu verbinden. Arbeitnehmer*innen finden wieder ins Kochen rein, probieren endlich mal die Rezepte aus, die sie schon so lange ausprobieren wollten. Sie lernen zum Beispiel, wie man eine große Menge Tomatensauce kocht, sie portionsweise einfriert und nach dem Auftauen jedes Mal anders zubereitet. Dabei aber bitte beachten: Nicht am Arbeitsplatz oder vor dem Fernseher essen. „Man sollte aufmerksam essen und es sich schön machen fürs Essen. So wie es einen hoffentlich echten Arbeitsplatz gibt, sollte es auch einen echten Essplatz geben", sagt die Diplom-Ökotrophologin.

Auf dem Home-Office-Schreibtisch darf oder sollte eine Sache aber sehr wohl stehen: das Getränk. „Wenn man es vor Augen hat, dann trinkt man auch", sagt die Expertin. Auch Trink-Apps auf dem Smartphone können helfen. Denn: „Flüssigkeit ist das A und O für den Stoffwechsel." Als Faustregel gilt, dass Arbeitnehmer*innen 30 Milliliter Flüssigkeit pro Kilogramm Körpergewicht einplanen sollten. Wenn sie sehr sportlich sind oder überdurchschnittlich schwitzen, sollte es mehr sein. Neben Wasser und Tee darf auch der Kaffee mitgerechnet werden (bitte aber nicht mehr als vier Tassen pro Tag), Suppen oder wasserreiche Obst- und Gemüsesorten können ebenfalls in die Bilanz aufgenommen werden.

Wer um die Ecke essen geht oder den Lieferdienst anruft, sollte ein paar Punkte im Kopf haben: Das Essen sollte nicht zu schwer und nicht zu fettig sein. Kartoffeln, Reis oder Nudeln sind als Beilage völlig okay, dazu sollte auf jeden Fall eine Gemüsekomponente kommen und Eiweiß. Salatsauce sollte man sich lieber extra bringen lassen („Die Dosis macht das Gift") und im Zweifel das kleinere Ensemble dem XXL-Angebot vorziehen.

Noch einmal zum Spaß: Ein bisschen (am besten dunkle) Schokolade ist völlig in Ordnung, eine gelegentliche Handvoll Lakritz auch. Wer nachmittags nochmal Heißhunger spürt, sollte eine Süßigkeit idealerweise ergänzen und zum Beispiel mit einer Nussmischung kombinieren („Gebrannte Haselnüsse schmecken wie Schokocreme").

Das führt zum letzten Tipp von Hanna-Kathrin Kraaibeek. Es hilft wenig, sich vorzunehmen, in einer Woche fünf Kilo abzunehmen oder sich von einem auf den anderen Tag alle Süßigkeiten abzugewöhnen. Es braucht die anfangs erwähnten gut erreichbaren Ziele. Diese lassen sich definieren, wenn man zunächst einmal aufschreibt, was man isst. Kommt man zum Beispiel auf 15 Portionen Süßigkeiten pro Woche, klingt es durchaus machbar, wenn man sich vornimmt, zwei davon zu streichen. „Disziplin ist eine Frage von Motivation, und Motivation braucht gute Ziele", sagt Hanna-Kathrin Kraaibeek. „Wer zu schnell zu viel will, macht es sich unnötig schwer."

Life Balance

Früher hieß das Ziel Work-Life-Balance, aber schon die Trennung der Begriffe implizierte ein Problem, sagt Katharina Galeazzi vom Unternehmen Motio, einem Spezialisten für betriebliches Gesundheitsmanagement. So wurde die Arbeit als Teil der Last auf der einen Seite gesehen, die es im Leben wieder auszugleichen, in Balance zu bringen galt. Da Arbeit aber wesentliche Teile des Tages bestimmt, sollte auch dort eine Balance herrschen. Arbeitnehmer*innen sollten mindestens grundsätzlich zufrieden sein mit ihrer Arbeit und zugleich ein ausgewogenes Verhältnis zwischen Arbeit und Privatleben hinkriegen. Es geht darum, das Gefühl zu haben, im gewünschten Maß selbstbestimmt zu arbeiten und für sich Sorge tragen zu können.

Wenn dies gelingt, entstehen Routinen, die einem die Balance bewahren sollen, und Wohlfühlzonen. Und genau diese beiden gehen beim Wechsel ins Home-Office zunächst einmal verloren. Die Arbeitnehmer*innen müssen sich neu einrichten, neue Routinen schaffen und Verluste kompensieren. Expertin Katharina Galeazzi vergleicht dies mit dem Aneignen einer Sprache. Neue Arbeitsschritte sind wie Vokabeln, die man lernen und vor allem wiederholen muss. Das fängt bei der Kleidung an. Arbeitnehmer*innen sollten sich fürs Büro fertig machen und nicht zu leger an den heimischen Schreibtisch gehen. Auch der Weg zur Arbeit (und später zurück) sollte zu einer neuen und eindeutigen Routine werden. Dazu eignen sich die erwähnte Joggingrunde und der Gang um den Block.

Die dritte Routine betrifft die Arbeitszeiten. Soweit dies möglich ist, sollten Arbeitnehmer*innen im Home-Office zur selben festen Zeit beginnen, feste Pausenzeiten einplanen und vom Kalender auf dem Computer oder vom Handy regelmäßig ein Signal bekommen, um daran erinnert zu werden, dass sie mal aufstehen und sich bewegen. Schließlich rät Katharina Galeazzi noch dazu, sich ganz klassisch mit To-do-Listen den Arbeitstag zu strukturieren, um weitere Routinen zu entwickeln und sich diese bewusst zu machen.

Damit diese Balance gelingt und Mitarbeiter*innen zu Hause gesund agieren, ist es wesentlich, dass auch die Führungskräfte die Strukturen einhalten. Sie sollten keine Mails außerhalb der Arbeitszeiten schicken, vor allem keine, auf die sie eine umgehende Antwort erwarten. Und sie sollten nicht außerhalb der festgelegten Arbeitszeiten anrufen. Die Arbeitnehmer*innen sind nicht erreichbar, sie müssen den Arbeitsplatz zumachen können, wie wir es im Kapitel über den Arbeitsplatz beschrieben haben. Führungskräfte sind dafür verantwortlich, dass positive Strukturen entstehen, sagt Katharina Galeazzi. Dazu zählt auch, die sozialen Aspekte der Arbeit zu berücksichtigen. Die spontane Unterhaltung, das Mal-eben-den-Kollegen-Fragen fällt weg, deshalb sollten wenigstens ähnliche Formen des Miteinanders möglich sein, etwa die virtuelle Kaffeerunde oder eine Feierabendrunde am Computer. Dabei sollten Führungskräfte (oder nach unserem Vorschlag auch die Home-Office-Koordinator*innen) helfen, dass technische Hürden für das Gespräch schnell überwunden werden, damit sich der Frust nicht verdoppelt.

Ein weiterer Aspekt der Balance betrifft die Familie. Auch hier braucht es eine klare Kommunikation. Mitarbeiter*innen im Home-Office müssen den Menschen in ihrem Umfeld erklären, was sie wann tun, wann sie nicht gestört werden sollen und warum. Wenn das verstanden wird, fühlt sich niemand zurückgesetzt und die Balance bleibt. Wenn Kinder noch zu jung sind, um dies zu verstehen, dann sollte eine Betreuung organisiert werden, um die Balance hinzukriegen, sagt Katharina Galeazzi.

Arbeitskleidung

Es sollte im Ergebnis kein Unterschied sichtbar sein zwischen Mitarbeiter*innen in der Zentrale und im Home-Office. Das heißt: Mitarbeiter*innen sollten nicht nur bis zur Hüfte angezogen sein, sie sollten duschen, sich rasieren und frisieren. Dies alles dient dazu, den Unterschied zwischen dem Privatleben und der Arbeit auszudrücken und sich damit bewusst zu machen. Wer noch aussieht, als käme er gerade aus dem Bett, wird im Kopf noch privat

sein oder sich privat verhalten. Wer sich fertig macht, kann auch ins Büro gehen, selbst wenn das nur in einem anderen Zimmer steht oder unser Schrank ist. Das dient wieder dem Selbstschutz der Mitarbeiter*innen, die klar trennen und definieren, was privat und was Arbeit ist. Diese Grundsätze zur Kleidung müssen nach unserer Erfahrung nicht explizit als Forderung formuliert werden. Sie sollten vorgelebt werden und die Home-Office-Koordinator*innen sollten diesen Punkt mit auf die Checkliste nehmen.

Teambuilding – oder eben nicht

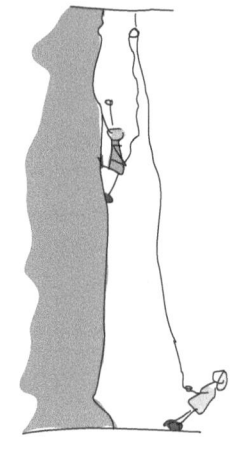

Es mag insbesondere angesichts der von uns geschätzten Parallelen zum Sport seltsam klingen, aber unserer Ansicht nach braucht es kein Teambuilding. Es spricht nichts dagegen, dass Teams zusammen mal was essen oder trinken gehen oder einen Kochkurs machen. Das führt, wenn es gut läuft, dazu, dass die Mitglieder des Teams einander besser leiden können und zum Beispiel hilfsbereiter werden. Das ändert aber nichts daran, dass unterschiedliche Typen im Team sind. Aus unserer Sicht geht es deshalb darum, dass die Gruppe versteht, dass sie ein Ziel hat.

Im Sport ist es besser, wenn es statt der Vereinnahmung eine gesunde Konkurrenz gibt, in der die Beteiligten das Gefühl haben, dass sie gerecht behandelt werden. Beim Teambuilding geben sich alle Mühe, im Sinne des Teams positiv zu wirken. Aber sie können nicht abstrahieren und nicht übertragen, was das für sie und ihre Aufgaben bedeutet. Und wenn es um die Nominierungen geht, hilft alles Teambuilding nicht. Und das lässt sich übertragen auf die Beurteilung von Leistung, Gehaltserhöhungen und Beförderungen in Unternehmen. Dass aus einzelnen Mitgliedern ein Team wird, geschieht durch Motivation statt durch Teambuilding. Deshalb sollten Vorgesetzte lieber mehr Zeit in Kommunikation stecken, eine gemeinsame Sprache zu finden und die Ziele konkret und verbindlich zu besprechen – und zwar immer wieder.

Soziale Aspekte

Dieser Abschnitt hat zwei Ausgangspunkte. Wir erinnern noch einmal an die Sorgen und Wünsche der Kolleg*innen vom Beginn dieses Buches. Zu den Sorgen zählte „Ich kriege nicht mehr mit, was im Unternehmen oder in meinem Team passiert", zu den Wünschen der soziale Austausch mit den Kollegen. Hinzu kommt ein zweiter Punkt, den Hannes Zacher, Professor für Arbeitspsychologie an der Universität Leipzig so formuliert: „Teams, die einander niemals begegnen, haben es schwer, gemeinsam zu arbeiten. Es gibt dazu Erfahrungen aus der Software-Entwicklung: Einfaches Coden geht auch mit Kollegen, die über den Globus verteilt sind. Doch je komplexer und kreativer die Aufgabe ist, desto wichtiger wird der persönliche Kontakt."(Die Zeit, 10. Juni, Seite 18)

Unternehmen haben dafür einige gute Lösungen gefunden. Sie haben virtuelle morgendliche Kaffeerunden eingeführt, die offen für alle und losgelöst von den Konferenzen sind. In denen kann man mit der Tasse Heißgetränk über allgemeine Dinge spreche. Ebenso gibt es am Ende von Arbeitstagen oder -wochen virtuelle Treffen auf ein Feierabendbierchen oder am Kamin. In solchen Runden werden Ergebnisse präsentiert und der Tag oder die Woche abgeschlossen, so dass die Trennung von Arbeit und Privatem gut gelingt.

Darüber hinaus denkbar ist auch noch eine virtuelle Kaffeeküche, also ein Treffen per Video für private Gespräche, zu dem sich einzelne Kolleg*innen verabreden können. Unternehmen sollten überlegen, ob sie den virtuellen Raum entsprechend einer Kaffeeküche gestalten, um daraus etwas Besonderes zu machen. Die virtuelle Kaffeeküche ist ein Ort gegen die Selbstausbeutung. Je angenehmer er gemacht ist, desto stärker hilft er Kolleg*innen, die zu selten Pausen einlegen. Zeit für solche virtuellen Treffen sollte in Arbeitstage oder -wochen explizit eingeplant werden. An dieser Stelle müssen Vorgesetzte überlegen, inwieweit ihre Mitarbeiter*innen die Chefin/den Chef auch mal in der virtuellen Kaffeeküche treffen wollen oder gerade dort einen geschützten Raum erwarten.

In den Unternehmen, mit denen wir gesprochen haben, war immer wieder das Phänomen zu beobachten, dass Mitarbeiter*innen es sehr genossen haben, wenn sie mal wieder in der Zentrale waren. Dieses Phänomen ist bei Nicht-so-gerne-Heimarbeiter*innen stärker ausgeprägt, aber auch bei Heimarbeiter*nnen zu spüren. Wir möchten dazu zwei Ideen vorschlagen:

1. Die Quartals-Weihnachtsfeier: Statt des Teambuilding-Ereignisses wird regelmäßig, also etwa vier Mal im Jahr, eine nette Zusammenkunft organisiert, die den Kollegen ermöglicht, einander besser kennenzulernen und sich auszutauschen. Das Ganze sollte so zwanglos wie möglich sein — und im Idealfall dazu führen, dass die Probleme, die Arbeitspsychologe Hannes Zacher formuliert hat, behoben werden.

2. Der Wandertag: Schönes altes Wort, die Umsetzung ist mit weniger Aufwand verbunden als das Vorbild aus der Schulzeit. Die Mitglieder eines Teams oder die Mitarbeiter*innen eines Unternehmens treffen sich zu einem Spaziergang. Treffpunkt ist ein Ort, der von allen Home-Offices etwa gleich weit entfernt liegt und der es erlaubt, in der Gruppe oder mehreren kleinen Gruppen zusammen zu spazieren. Der Wandertag ersetzt nicht die Mittagspause, sondern findet innerhalb der Arbeitszeit statt. In den Gesprächen kann es sowohl um Arbeit als auch um Nicht-Berufliches gehen. Es sollte mindestens zwei Wandertage im Jahr geben, wenn der Austausch gut funktioniert und den Teilnehmern gefällt, auch öfter. Er kann anstelle einer Quartalsweihnachtsfeier angesetzt werden.

Ein weiterer Gedanke, den wir bei den sozialen Aspekten noch teilen möchten, heißt bei uns doppelte Patenschaft. Es ist sowohl am Anfang des Buches als auch in diesem Kapitel deutlich geworden, dass Kollegen im Home-Office verunsichert sind und zu Sorgen, Wünschen und Fragen einen Ansprechpartner suchen. Neben Home-Office-Koordinator*in beziehungsweise in Unternehmen, denen es nicht möglich ist, eine Koordinatorin oder einen Koordinator zu beschäftigen, kann das Zweierteam ein Teil der Lösung sein. Es werden jeweils zwei Mitglieder eines Teams oder Mitarbeiter*innen eines Unternehmens zu wechselseitigen Paten für einander. In der Software-Programmierung heißt dieses Modell „Pair-Programming". Beide schauen sich die Arbeit oder die Arbeitsergebnisse des anderen an, beide stehen für Fragen des anderen zur Verfügung und klären sie im Zweifel für beide. Ja, dafür setzen beide einen Teil ihrer Arbeitszeit ein. Wir glauben aber, dass das Gefühl, wahrgenommen zu werden, und eine niedrigere Fehlerquote durch die wechselseitige Unterstützung dies mindestens wieder aufheben.

Ein letzter Punkt zu den sozialen Aspekten: Home-Office-Koordinator*innen müssen merken, wenn Sorgen/Wünsche in dieser Hinsicht nicht be-

rücksichtigt werden oder die Kolleg*innen diese als nicht ausreichend berücksichtigt empfinden. Es muss ein Punkt auf der Checkliste sein, dies
regelmäßig zu überprüfen.

Kinderbetreuung

Home-Office erleichtert in der Theorie die Vereinbarkeit von Beruf und
Familie. Aber es löst nicht die Herausforderung, die Kinder zu betreuen
und seine Aufgaben zu erfüllen. Auch an dieser Stelle sind deshalb klare Grenzen entscheidend, damit Mitarbeiter*innen sich nicht durch zwei
Jobs gleichzeitig um Kraft und Nerven bringen. Kinder können in derselben Wohnung sein, aber nur, wenn sie reif genug sind, um Grenzen einzu-
halten. Wenn sie alle paar Minuten die Arbeit unterbrechen und Aufmerksamkeit einfordern, ist dies nicht mit konzentrierter Arbeit zu vereinbaren.
Dann müssen die Eltern eine andere Betreuung als die im Nebenzimmer
des Home-Office finden.

Ein möglicher Mittelweg: Im Kalender eines Teams sind feste und für alle
sichtbare Zeiten eingetragen, in denen sich Kolleg*innen um ihre Kinder
kümmern, also nicht arbeiten und auch nur schwer zu erreichen sind.
In der Praxis könnte das dann so aussehen, dass ein Kollege/eine Kollegin
um 10 Uhr an der gemeinsamen Konferenz teilnimmt, danach bis 12 Uhr
arbeitet, von 12 bis 14 Uhr das virtuelle „Bitte nicht stören"-Schild aufhängt,
und ab 14 Uhr und entsprechend der Stundenzahl weiterarbeitet.

Haustiere

Auch wenn das in der Abgrenzung zu den Kindern jetzt vielleicht komisch klingt: Hunde im Home-Office sind aus unserer Sicht absolut in Ordnung, sie wirken sich positiv auf das Klima dort aus — und sie sind ein Punkt, in dem die Vorzüge des Home-Office für Mitarbeiter*innen spürbar werden. Sie müssen sich nicht mehr oder nicht mehr so sehr darum kümmern, wer den Hund betreut. Ausnahme bilden Tiere, die in Wahrheit Braunbären gefangen im Körper eines Hundes sind und deshalb zu viel Aufmerksamkeit in Anspruch nehmen.

5
Die Kommunikation

Es geht in diesem Buch nicht darum, das Arbeiten im Home-Office unnötig schön zu reden. Selbst in Firmen, in denen Mitarbeiter*innen schon eine bestimmte Zahl an Heimarbeitstagen hatten und in denen die Mitarbeiter*innen mehr solcher Tage fordern, werden zugleich Defizite genannt. Sie betreffen vor allem die Kommunikation. Teams waren es gewohnt, in Teambüros zu sitzen, in denen man mal kurz zu Kolleg*innen gehen und gucken konnte, wie weit die anderen sind oder wo sie gerade stehen. Bei Arbeit im Home-Office ist das nicht möglich. Man muss Kollegen gezielt kontaktieren. Die Kommunikation ist klinischer als vorher, man muss Regeln einhalten, damit sie funktioniert. Die Räume, sie frei zu gestalten oder zu improvisieren, sind gering. Manche Zwecke von Kommunikation, etwa Feedback-Gespräche oder Prozess-Reflektionen, sind deutlich schwieriger geworden oder müssen sogar komplett neu definiert werden. „Gruppen, die schlecht miteinander kommunizieren, vertrauen einander nicht. Und das hemmt die Kreativität", sagt der Arbeitspsychologe Hannes Zacher von der Universität Leipzig (Die Zeit, 10. Juni, Seite 18).

Wir wollen deshalb an dieser Stelle einige Grundregeln für die Kommunikation zwischen Zentrale und Home-Office oder zwischen mehreren Kolleg*innen, die von zu Hause arbeiten, vorschlagen:

1. Kommunikation ist kein Selbstzweck. Alle Beteiligten sollten darauf achten, dass sie sinnhaft und zielgerichtet stattfindet. Oder eben nicht stattfinden sollte.

2. Es gibt Einarbeitungsphasen, in denen mehr über Aufgaben kommuniziert wird, aber grundsätzlich ist es Ziel der Kommunikation, dass die Aufgaben selbständig erledigt werden können.

3. Home-Office-Koordinator*innen sind die Instanz, die die Kommunikationsformen überprüft und weiterentwickelt. Dies kann für unterschiedliche Abteilungen zu unterschiedlichen Ergebnissen führen.

4. Für jede regelmäßige Kommunikation sollte die passende Form bestimmt werden. Für die Planung eignet sich die morgendliche Konferenz, fürs Reporting die abendliche.

5. Jede regelmäßige Kommunikation sollte einen festen Zeitpunkt haben, der vom Sender unbedingt eingehalten werden muss: morgens um zehn, abends um sieben. Punkt zehn. Punkt sieben. An dieser Stelle greift wieder das von uns favorisierte Prinzip des Führens durch Vorbild oder Vorleben.

6. Jede regelmäßige Kommunikation sollte eine vorgegebene Länge haben, in der Regel 15, maximal 30 Minuten.

Ein schönes Beispiel für sehr konzentrierte und knappe Kommunikation ist die Auszeit im Sport. Sie dauert in der Regel zwischen 20 und 90 Sekunden. Junge Trainer*innen nutzen die Auszeit oft, um zu erzählen, was seit Spielbeginn alles schiefgelaufen ist. Dabei sind die Sekunden deutlich besser dafür geeignet, um zu sagen, was nach der Auszeit passieren soll, was das Ziel für die folgende Spielzeit ist. Das gilt sogar, wenn man 5:0 führt. Erfahrene Trainer*innen teilen die Auszeit meist in zwei Hälften ein. In der ersten Hälfte richten sie sich an die Mannschaft und erklären, wie sie in der Folge weiterspielen soll. In der zweiten Hälfte verteilen sie Spezialaufträge an einzelne Spieler*innen, die sie namentlich ansprechen, damit sie wissen, was ihre Aufgabe ist. Trainer*innen müssen das nicht mit allen Spieler*innen machen, sie sollten wissen, wer es dringend braucht.

Auf Unternehmen mit Heimarbeitsplätzen bezogen bedeutet das: Die Auszeit ist die Konferenz. Die Vorgesetzten sollten sich nicht darauf beschränken, Fehler aufzuzählen. Sie sollten vielmehr sagen, wie es an diesem Tag und in dieser Woche weitergeht und dabei Wege aufzeigen, wie Ziele erreicht und Fehler künftig vermieden werden können. Anschließend sollte sie/er diejenigen, die allgemeine Ansagen selten auf sich beziehen oder aus den allgemeinen Ansagen nicht ableiten können, was sie jetzt zu tun haben, direkt ansprechen und ihnen konkrete Aufgaben zuweisen.

Gehen wir noch einmal in die Auszeit: Es ist nicht möglich, auf einzelne Befindlichkeiten einzugehen. Und es ist nicht möglich zu diskutieren. Das sollte man soweit möglich auf den Austausch mit den Kolleg*innen übertragen, gerade wenn wir von Kommunikation zwischen Zentrale und Heimarbeitsplätzen per Video oder Telefon sprechen. Dazu gehört: Sprache so knapp und klar wie möglich halten.

Wir möchten zu Beginn des Kapitels noch einen Punkt erwähnen. Wir halten Messenger-Dienste für kein besonders geeignetes Instrument für die Kommunikation mit Home-Offices. Nach unserer Erfahrung führen Nachrichten in Messenger-Diensten dazu, dass die Empfänger das Gefühl haben, schnell antworten zu müssen — anders als etwa bei E-Mails. Dieser Druck reißt sie dann regelmäßig aus der eigentlichen Arbeit und führt dazu, dass diese langsamer erledigt wird. Wir plädieren an dieser Stelle für E-Mails und dafür, dass die Empfänger die Signale für den Posteingang ausschalten, idealerweise sogar Zeiten oder Punkte festlegen, zu denen sie ihr Postfach anschauen.

Die richtige Form:
Sehen, Hören oder Lesen?

Bei Instagram gibt es einen sehr beliebten Mann, der sich *„Dude with sign"* nennt und auf jedem seiner Bilder eine Pappe hochhält, auf der er seine aktuelle Botschaft präsentiert. Ende Mai 2020 stand dort *„Not every call has to be a video call."* Darunter stehen mehr als 13.000 Kommentare, die bestätigen, dass der Dude eine Erkenntnis formuliert hat, die nach elf Wochen Corona-Pandemie für viele eine wesentliche war.

Das bringt uns zu der Frage, welche Form der Konferenz für welchen Zweck die richtige ist. Die meisten Unternehmen haben zu Beginn des verstärkten Arbeitens zu Hause verstärkt auf Videokonferenzen gesetzt. Das sieht bei allen Anbietern cool aus, hat etwas Spielerisches und kommt der Form, die man bis dahin gewöhnt war, am nächsten. Aber spätestens, wenn beim dritten Mal immer noch „Du musst Dein Mikrofon auf „stumm" schalten" oder „Kann man mich jetzt sehen?" die Konferenzen wesentlich prägten, sollte der Einsatz der Videokonferenz zumindest mal überdacht werden.

Videokonferenzen haben den großen Nachteil, dass sie wesentliche Teile der Aufmerksamkeit auf das Sehen lenken. Da scheint sich die Video-zunächst nicht von der Präsenzkonferenz zu unterscheiden. Tatsächlich aber ist der Blick bei der Videokonferenz nicht so frei wie bei der Präsenz-konferenz, sondern befindet sich in einem Schraubstock. Alle müssen ge-radeaus gucken sowie auf alle und alles reagieren, das sie auf dem Bild-schirm sehen. Dieser Schraubstock lässt deutlich weniger Raum, um sich auf Absprachen oder Fragen zu konzentrieren sowie um die Inhalte und Strukturen zu vereinbaren, die die Arbeit zu Hause noch mehr erfordert als die im Büro.

Wir empfehlen daher, so selten wie möglich auf Video- und so oft wie mög-lich auf Audiokonferenzen zu setzen. Videokonferenzen erscheinen sinn-voll, wenn es darum geht, etwas zu zeigen, also zum Beispiel bei Präsen-tationen oder Seminaren. Videokonferenzen sind auch für den sozialen Austausch (siehe vorheriges Kapitel) sehr brauchbar, für die regelmäßigen Besprechungen aber eignen sich Telefonkonferenzen in der Regel deutlich besser. Der Aufwand, bis alle startklar sind, ist bei der Telefonkonferenz im Schnitt kürzer, die Konzentration auf die Inhalte nach unseren Erfahrun-gen deutlicher höher.

Wir müssen das Plädoyer gegen die Videokonferenz an dieser Stelle in einer Hinsicht nochmal einschränken: wenn wir schauen, wie viele Kol-leg*innen an einem Meeting teilnehmen. Solange die Teilnehmerzahl in einer Telefonkonferenz einstellig ist, können die Beteiligten gut ausma-chen, wer gerade spricht, und die Gesprächsdynamik ist höher. Wenn die Teilnehmerzahl aber zweistellig wird, ist eine Videokonferenz die einzige Form, in der das Treffen sinnvoll machbar ist. Die Technik in den gängigen Programmen ist so gestaltet, dass derjenige, der redet, auch zu sehen ist (wenn er denn die Kamera eingeschaltet hat), so dass es für die anderen gut möglich ist, ihr/ihm und der gesamten Konferenzen zu folgen.

Videokonferenzen

Die „Defizite" in der Technik der Videokonferenz helfen, dass das Ganze nicht ausufert, sondern zielgerichtet abläuft. Um Rückkoppelungen zu vermeiden, sollten alle mit Ausnahme desjenigen, der gerade spricht, ihr Mikrofon ausschalten. Das vermeidet zunächst mal unangebrachte Beiträge, sorgt aber auch dafür, dass Videokonferenzen im Schnitt länger dauern. Mit Blick auf die festen Zeiten sollte dafür eine halbe Stunde angesetzt werden, die letzten fünf Minuten sollten angezeigt und für letzte Fragen reserviert werden. Die Teamleitung sollte die Videokonferenz moderieren, es sei denn, im Mittelpunkt steht ein Thema, für das jemand anderes eindeutig Experte ist, der dann auch die Beiträge der anderen Kolleg*innen einsammelt.

Da Videokonferenzen die Möglichkeit eröffnen, Vorgaben zu visualisieren, sollte diese Möglichkeit genutzt — oder doch lieber auf Audiokonferenz umgestellt werden. Das Visualisieren dient vor allem den Kollegen, die bei rein verbalen Erläuterungen unsicher sind, die praktische Anschauung brauchen, um etwas zu verstehen. Sollte es die Möglichkeit geben, dass auch die Angesprochenen vor ihrer Kamera das Besprochene kurz ausprobieren können (wie ein Sportler eine Übung im Training), dann: Bitte unbedingt machen. Ziel ist schließlich immer, das selbstständige Arbeiten im Home-Office zu ermöglichen, daran sollten alle Tagesordnungspunkte ausgerichtet sein.

Home-Office-Koordinator*innen sollten nach Möglichkeit ausschließlich Beobachter und nicht aktiver Teilnehmer der Videokonferenz sein. So kann sie/er sehen, ob alle zu Wort kommen, die sich melden, ob die visualisierten Vorgaben vernünftig wahrgenommen werden konnten und ob der Zeitplan als Ganzes sowie die offenen letzten fünf Minuten eingehalten wurden. Sie/Er kann dann Rückmeldung an die Teamleitung geben, um die Videokonferenz weiter zu verbessern.

Unabhängig von der Zahl der Beteiligten eignet sich die Video-Konferenz umso mehr, je mehr das Zusammenkommen und nicht der Inhalt im Vordergrund steht. An dieser Stelle erinnern wir an die Kolleg*innen, die zunächst einmal nicht gerne ins Home-Office gewechselt sind. Es gab in allen Unternehmen, mit denen wir gesprochen haben, Mitarbeiter*innen, die zu Hause in ein Loch gefallen sind. Als sehr brauchbares Mittel für den Weg wieder hinaus hat sich eine offene Videokonferenz am Morgen erwiesen. Führungskraft oder Home-Office-Koordinator*in starten einige Zeit vor dem vereinbarten Konferenztermin eine Videokonferenz, in die jeder reinkommen und sich darüber austauschen kann, wie es im Home-Office läuft. Nach einigen Wochen kann man Form und Zweck der Runde auflockern und die offene Videokonferenz zu einem morgendlichen Kaffee-Treffen erklären, bei dem auch weiter Themen des Arbeitsalltags oder andere Dinge besprochen werden können. Wichtig ist bei diesem Format, im Hinterkopf zu behalten, dass Kolleg*innen unter Umständen nicht in einer offenen oder größeren Gruppe ihre Sorgen ansprechen möchten. Für sie sollte man eine weitere Möglichkeit für einen Austausch unter vier Augen offenhalten.

Vergleichbar mit der morgendlichen Kaffee-Runde vor dem Bildschirm ist eine Form, die sich vor allem für Teams innerhalb eines Unternehmens anbietet: die Kamin-Runden. Die Kolleg*innen treffen sich mit einem Getränk vor dem Bildschirm und sprechen (hoffentlich) entspannt über den Tag oder die Woche.

Das kann auch für die ganze Firma eine Form sein, wenn alle am Freitagnachmittag zu einem Wochenabschluss-Meeting zusammenkommen. Die Teams berichten, wo sie gerade stehen, und die Arbeit für diese Woche ein Ende bekommt. Drei kleine Warnungen dazu: Wirklich entspannt ist so eine Runde nicht, daran ändert das Getränk wenig. Führungskräfte sollten die Lockerheit des Treffens nicht überschätzen. Zudem sollten sie bei den Inhalten der Abschlusskonferenz darauf achten, dass sich danach niemand so unter Druck fühlt, dass sie oder er das nicht als Ende der Arbeitswoche, sondern als Anfang eines arbeitsreichen Wochenendes nimmt. Die Botschaften der Runde sollten positiv sein, sonst beschäftigen sich die Kolleg*innen am Wochenende vielleicht nicht mit Arbeit, aber mit dem bescheidenen Gefühl, mit dem sie die Firma in der Woche verlassen haben.

Letzter Punkt: So wie zum Abschluss der Woche kann man Abschlussrunden natürlich auch am Ende eines Monats oder eines Quartals ansetzen.

Audiokonferenzen

Es gibt einige Gemeinsamkeiten mit der Videokonferenz. Die Führungskraft sollte die Moderation übernehmen und dafür verantwortlich sein, dass die Struktur eingehalten wird und ausufernde Redebeiträge gebremst werden. Home-Office-Koordinator*innen sollten auch hier vorrangig Beobachter, also Zuhörer sein, und Rückmeldungen zugunsten der Teammitglieder oder im Anschluss an das Gespräch geben.

Da keine Zeit für Mikro-an-Mikro-aus verloren geht wie in der Videokonferenz, kann die Audiokonferenz zehn Minuten kürzer angesetzt werden. Auch hier sollten die letzten fünf Minuten offen sein für Fragen oder Punkte, die noch nicht angesprochen wurden. Hier sei noch einmal daran erinnert, dass das Ziel des Ganzen ist, dass die Kolleg*innen im Home-Office nach der Konferenz soweit wie möglich selbständig arbeiten können. Da Visualisierungen und praktische Beispiele in der Audiokonferenz nicht möglich sind, ist bei ihr eine gute Nachbereitung noch wichtiger.

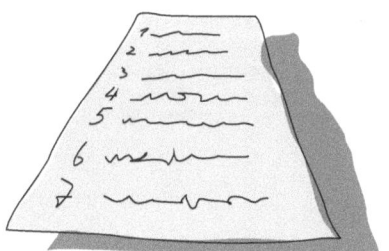

Protokoll

Es gibt gleich mehrere gute Gründe, die beschriebenen Konferenzen durch etwas Schriftliches zu ergänzen – und eine Gefahr. Die guten Gründe folgen aus den Schwierigkeiten, die Kommunikation leider nun mal mit sich bringt: Nicht jeder versteht das, was in der Video- oder Audiokonferenz besprochen worden ist, gleich. Nicht jeder hat alles mitgekriegt. Der eine oder die andere hat etwas nicht verstanden, sich aber nicht getraut, vor versammelter Mannschaft zu fragen.

Gerade deshalb ist etwas Schriftliches, das wir hier der Einfachheit halber Protokoll nennen, eine in weiten Teilen passende Lösung. Das Anders-Interpretieren und Falsch-Verstehen schließt es auch nicht aus, weil jeder gelesene Satz in jedem Kopf, in dem er ankommt, anders klingt. Aber: Die Leser*innen haben etwas, in dem alle für den Absender wesentlichen Punkte auftauchen. Und sie haben etwas, das sie immer wieder anschauen können, wenn sie einen Punkt nicht mehr oder nicht mehr komplett im Kopf haben.

Wichtig ist, dass sich ein Protokoll von einer gewöhnlichen Mail mit mehreren Kolleg*innen im Verteiler unterscheidet. Bei solchen Mails verlässt sich gerne jeder Adressat auf die anderen im cc. Deshalb sollte im Protokoll jede Aufgabe klar zugeordnet, also explizit mit einem Namen und einer Frist versehen werden.

Aus alledem folgen drei Voraussetzungen, die ein Protokoll erfüllen sollte:

1. Die Highlander-Regel: Es sollte nur einen geben, also ein Protokoll. Wenn darin Nachrichten aus verschiedenen Teams oder Abteilungen stehen, muss einer diese einsammeln und zusammenfassen. Das bedeutet, dass die Team- oder Abteilungsleiter zuverlässig zu einem vereinbarten Zeitpunkt ihre Inhalte schicken müssen.

2. Das Protokoll sollte eine feste Struktur haben. Wir wollen nicht unnötig Illusionen zerstören, aber eines ist nach unserer Erfahrung leider ziemlich sicher: Das erste oder zweite Protokoll werden noch alle komplett lesen, danach aber sinkt die Aufmerksamkeit. Gerade deshalb ist es gut, wenn die Leser wissen, was wo im Protokoll auftaucht. Bei nachlassender Konzentration fangen sie an, durch den Text zu springen, und es ist besser, wenn man ihnen vertraute Landeplätze anbietet. Das heißt: Vor

dem ersten Protokoll eine Struktur festlegen und diese ab der ersten Mail beibehalten. Änderungen in der Struktur sollten am Anfang des Protokolls, mit dem sich die Struktur verändert, ausdrücklich genannt und begründet werden.

3. Mit der festen Struktur eng verbunden ist der feste Zeitpunkt. Das Protokoll sollte zu einem Ritual werden. Wenn die Leser*innen wissen, wann er kommt, werden sie Fragen, die sich ergeben haben, zurückhalten — und im Idealfall beantwortet finden. Und sie werden, wenn sie wissen, wann er kommt, sich diesen Zeitpunkt freihalten, um ihn zu lesen und daraus Schlussfolgerungen für ihre Arbeit ziehen.

Die vierte und die fünfte Voraussetzung (konstruktiver Inhalt, guter Zeitpunkt) ergeben sich aus der eingangs erwähnten Gefahr. Dafür müssen wir uns das Ganze von außen angucken. Unabhängig davon, wie flach die Hierarchien in einem Unternehmen sind, dies ist — neben Vorstellungsgespräch, Vertragsverhandlungen und Feedbackgespräch — der Punkt, an dem am offensichtlichsten wird, dass es trotz allem eine Hierarchie gibt. Die Protokoll-Mail kommt von der Chefin oder vom Chef, so wird sie wahrgenommen, egal, wie nett die Chefin oder der Chef ist, und egal, wie sehr sie oder er sonst auf Augenhöhe sein mag. Deshalb ist der Ton ganz entscheidend. Im Idealfall hat das Protokoll Charme, mindestens aber ist er neutral formuliert. Vorwürfe, Andeutungen oder Subtext, in dem Vorwürfe stecken, gehören nicht ins Protokoll. Kritik kann darin auftauchen, sie darf sich aber nicht auf Personen beziehen, die Auslöser der Kritik dürfen nicht identifizierbar sein. Und die Kritik muss mit einer konstruktiven Lösung verbunden sein, sonst hat sie im Protokoll nichts verloren. Im Protokoll werden schließlich die Dinge formuliert, die auf die Zukunft der Arbeit gerichtet sind.

Da die spürbare Hierarchie bleibt und selbst bei aller Mühe und allem schriftstellerischen Talent nicht auszuschließen ist, dass ein Punkt in einem Protokoll eine Leserin oder einen Leser negativ trifft, ist die fünfte und letzte Voraussetzung: der richtige Zeitpunkt. Fangen wir mit dem aus unserer Sicht ungünstigsten Zeitpunkt an: Freitag, 17 Uhr. Wer da eine für sich negative Botschaft erhält, nimmt sie mit in den Abend und die Nacht, nimmt sie mit ins Wochenende und hat mehr als 60 Stunden keine Möglichkeit, beim Absender nachzufragen, wie das gemeint war. Also: früher ist besser, sowohl am Tag als auch in der Woche. Die im Protokoll angesprochenen Punkte können danach in der Praxis angewendet werden und es gibt die Möglichkeit, Nachfragen zu stellen oder mit Kolleg*innen darüber zu sprechen. Eine aus unserer Sicht sehr gute Form von „früh" ist eine Uhrzeit, die kurz hinter der morgendlichen Konferenz liegt. Es können Aspekte, die in der Konferenz besprochen worden, wiederholt oder noch eingebaut werden. Dabei sollte die Absender*innen darauf achten, dass die Konferenz einen definitiven Endzeitpunkt hat und dass danach der Zeitraum zum Schreiben des Protokolls groß genug ist. An der Stelle hilft die feste Struktur des Protokolls auch den Absender*innen, denn er kann ihn in wesentlichen Teilen vorbereiten, nach der Konferenz ergänzen und dann zum festen Zeitpunkt abschicken. Beispiel: 9.30 Uhr Protokoll vorbereiten, 10 Uhr konferieren, 10.30 Uhr auf jeden Fall mit Konferieren aufhören, 11 Uhr Protokoll abschicken. Punkt 11 Uhr.

Neben den fünf Voraussetzungen, die ein gutes Protokoll erfüllen sollte, haben wir eine Reihe kleinerer Ideen gesammelt, die uns in Rundmails gut gefallen haben und die wir hier teilen möchten:

Anrede
Ob die Adressaten eines Protokolls geduzt oder gesiezt werden, hängt von der Unternehmenskultur ab. Unabhängig davon sollten Absender*innen

aber überlegen, ob sie die Adressat*innen direkt ansprechen oder allgemein formulieren, also ob sie „Dafür danke ich Euch/Ihnen" oder „Dafür danke ich Dir/Ihnen" schreiben. Die direkte Ansprache passt insofern, als ja vor dem Bildschirm nur eine Person sitzt und liest. Und sie ist so formuliert, dass sich die Adressaten direkt angesprochen fühlen. Zugleich wirkt die direkte Ansprache bei allgemeingültigem Inhalt oft gewollt und verschiebt den Ton des Protokolls in Richtung druckvoll. Wir raten an dieser Stelle zumindest zur Vorsicht, das heißt die Formulierungen mit der direkten Anrede sollten wiederholt gelesen und daraufhin überprüft werden, wie sie auf Leser*innen wirken.

Einleitung

Sollte wie ein Moment des Kennenlernens oder der Begrüßung betrachtet werden. Die ersten Sekunden schaffen den Eindruck, der erstmal hält und schwer wieder zu revidieren ist. Die Einleitung sollte freundlich sein, sie ist die einzige Stelle, an der ein bisschen Humor oder Ironie passend sein kann (ansonsten raten wir von Witzen und witzigen Bemerkungen ab, weil die Gefahr hoch ist, dass sie missverstanden werden) und in der man ein Überblick geben sollte über das, was man im Folgenden erzählen möchte.

Struktur

Wir haben in den Mails, die uns am besten gefallen haben, festgestellt, dass eine klassisch chronologische Reihenfolge gut funktioniert. Das heißt: Rückblick (möglichst ohne Gemecker), Gegenwart/Stand der Dinge, Zukunft und Prognose, was getan werden muss und wie sich der Stand der Dinge voraussichtlich entwickelt oder entwickeln sollte. Danach kann eine Begründung (siehe nächster Punkt) und sollte ein Abschied folgen, der ähnlich wie die Begrüßung ein positives Gefühl vermittelt, weil es sich um den letzten Eindruck handelt. Eine Formulierung

wie „Morgen lesen Sie wieder von mir" erscheint zwar in puncto Verläss-
lichkeit sinnhaft, klingt aber nach unserem Eindruck auch ein bisschen
wie eine Drohung.

Begründung

Im Protokoll sollte es nach Rückblick, Stand der Dinge und Aussagen zur
näheren Zukunft noch einen Punkt geben, in dem die Punkte nochmal auf
den einzelnen bezogen werden. Die Ausgangsfrage lautete „Was hat das
mit mir und meiner Arbeit zu tun?" und darauf sollte es gute Antworten
geben, mit denen die allgemeingültigen Aussagen einen persönlichen Be-
zug erhalten.

Nettigkeiten

Neben den genannten Punkten, die so mehr oder weniger in allen Protokol-
len zu lesen waren, haben wir in einigen noch schöne Themen gefunden,
die nicht unmittelbar mit dem Arbeitstag zu tun hatten. Wir wissen, dass
das Wort nett in den vergangenen Jahren gelitten hat, meinen es an der
Stelle aber ganz wörtlich. Es ist nett, wenn man Beispiele liest, wie Kolleg*innen sich ihren Arbeitsplatz zu Hause eingerichtet haben, was bis zur
peinlichkeitsfreien Homestory reichen kann, und es ist auch nett, wenn es
einen „Applaus der Woche" gibt, der nichts mit den Zahlen, Produkten oder
Dienstleistungen zu tun hat.

Adressaten

Wir haben verschiedene Unternehmen kennengelernt, die ein Intranet
haben und die Punkte wie die, die wir in diesem Abschnitt beschrieben
haben, dort veröffentlicht haben. Das ist für Themen, die alle Mitarbeiter*innen betreffen, eine gute Lösung, je stärker es nur einen Teil der Kolleg*innen betrifft, desto mehr bietet sich das Protokoll mit der passenden
Adressliste an.

Der Telefon-Joker

Wir haben im ersten Kapitel Kolleg*innen beschrieben, die das Home-Office nicht so gerne mögen, auch weil sie unsicher sind und mehr Rückmeldungen zu ihren Aufgaben benötigen. Wir haben unter anderem mit den offenen fünf Minuten am Ende einer Konferenz und mit dem Protokoll Instrumente vorgestellt, mit denen Teamleiter diese Sorge berücksichtigen können. Dennoch werden insbesondere bei diesen Kolleg*innen Fragen bleiben. Für die strukturellen und organisatorischen Fragen haben sie die Home-Office-Koordinator*innen, die im Zweifel helfen, einen fachlichen Ansprechpartner zu finden. Aber der berechtigte Wunsch ist auch, dass man im übertragenen Sinne die Möglichkeit hat, bei einem der Kollegen an einem der benachbarten Schreibtische mal eben eine Frage zu stellen oder um kurze Unterstützung zu bitten. Gleiches gilt für den kurzen Gang zum Vorgesetzten, um eine Nachfrage zur aktuellen Aufgabe zu stellen oder ein Zwischenergebnis zu zeigen und gemeinsam zu schauen, ob es den Vorstellungen entspricht.

Solche Rückfragen sollen möglich sein, dürfen aber nicht dazu führen, dass die Angerufenen ständig aus ihrer Arbeit gerissen werden. Eine Idee ist es daher, jedem Mitglied eines Teams einen Telefon-Joker zu geben, den man ein (oder wenige) Male verwenden kann, wenn man das Bedürfnis verspürt, zum Hörer greifen zu wollen. Dies kann eine der Regeln sein, die sich das Team selbst gibt. Es muss keine Technik eingeführt werden, um zu kontrollieren, ob der Telefon-Joker schon eingesetzt worden war. Es geht vielmehr darum, mit Hilfe des Jokers den Kolleg*innen im Home-Office ins Bewusstsein zu holen, dass sie kurz innehalten sollten, bevor sie anrufen. Das kann zum Beispiel dazu führen, dass sie ihre Fragen erst sammeln und dann einmal und nicht mehrfach Kolleg*innen oder Teamleiter anrufen. Sollte ein Kollege/eine Kollegin durch zu heftigen Gebrauch des Jokers auffallen, ist dies einer der Punkte, über den die Home-Office-Koordinator*innen mit ihm oder ihr sprechen sollten.

Zwischengedanke:
Eine gemeinsame Sprache, viele Dialekte

Sportmannschaften arbeiten mit Mentaltrainer*innen, weil sie verstehen wollen, wie ihre Spieler*innen ticken und welche Sprache sie sprechen, damit man die richtige Ansprache für sie findet. Mentaltrainer bringen nach unserer Erfahrung gar nicht so viel für die Teams. Sie sind vor allem für die da, die führen. Dennoch müssen Führungsperson und Team gemeinsam gecoacht werden, schließlich werden beide einzeln und im Verhältnis zueinander analysiert. In den Teams sind verschiedene Köpfe, Typen und Haltungen. Die Trainerin oder der Trainer muss wissen, wie sie/er diese verschiedenen Typen richtig einbringt, wann sie/er aufbrausende, risikobereite Spieler*innen einwechselt, wann vorsichtige, defensive — und wie sie jeweils angesprochen werden.

Im Training und in Testspielen wird der Ernstfall simuliert. Trainer*innen beobachten und führen Einzelgespräche, in denen die Selbsteinschätzung der Spieler*innen ein ganz wichtiges Element ist. Der Mentalcoach bringt dem Trainer vor allem bei, die Zeichen in diesen Gesprächen richtig zu deuten und selbst die richtigen Signale zu senden.

Das lässt sich auf ein Unternehmen übertragen. Neben Konferenzen und anderen gemeinsamen Kommunikationsformen sind Einzelgespräche sehr wichtig. Und in den Einzelgesprächen kommt es darauf an, die jeweils richtige Sprache zu finden, um den Kollegen zu erreichen.

Mitglieder eines Sportteams sind auf unterschiedliche Arten zu erreichen. Nehmen wir an dieser Stelle eine Übung im Training. Die Trainerin oder der Trainer erklärt einmal theoretisch, was die Spieler*innen machen sollen, zum Beispiel um Hütchen laufen, einen Pass spielen und am Ende aufs Tor schießen. Sie oder er macht die Übung vor, dann probieren es alle Spieler*innen aus. Dabei zeigen sich mindestens drei Typen:

1. Kognitiver Typ: Versteht nach Theorie und Vormachen, was gefordert ist, und absolviert die Übung gut bis sehr gut. Bildet in den allermeisten Teams die Minderheit.

2. Visueller Typ: Muss die Übung sehen, um sie zu verstehen. Absolviert die Übung dann meistens gut.

3. Haptischer/Audiophiler Typ: Muss die Übung selbst ausprobieren, meist mehrfach. Braucht körperliche, zum Teil auch akustische Erfahrungen.

Macht in den ersten Runden Fehler im Ablauf, braucht Korrekturen und weitere Hinweise von der Trainerin oder vom Trainer. Soweit es möglich ist, kann es bereits vor der Praxis helfen, wenn dieser Typ mündlich wiederholt, wie die Übung ablaufen soll.

Die hier beschriebenen Typen innerhalb eines Sportteams haben einiges gemeinsam mit den Typen im Unternehmen, über die wir am Anfang gesprochen haben. Daraus folgt: Nachdem ein Team besprochen hat, was die Aufgaben für den Tag oder die Woche sind, muss der Vorgesetzte sich darum kümmern, dass er die einzelnen Typen passend begleitet. Bei den kognitiven Typen, die denen entsprechen, die gerne im Home-Office sind, muss sie/er maximal stichprobenartig prüfen, ob seine Einschätzung stimmt, und denjenigen die Chance geben, sich zu melden, wenn mal etwas nicht verstanden ist oder in der Praxis nicht klappt. Der visuelle Typ entspricht bei der Arbeit zu Hause dem Zwischen-Typ. Das heißt für den Vorgesetzten: Wenn er Beispiele dafür hat, wie die anstehende Aufgabe erfüllt werden soll, sollte sie/er diese seinen Kolleg*innen zur Verfügung stellen. Gibt es die nicht, sollte sie/er mit den Kolleg*innen einen Zeitpunkt vereinbaren, zu dem die Aufgabe bis zu einem wichtigen Punkt erfüllt ist, und sie dann mit ihr oder ihm durchsprechen. Mit dem haptisch-audiophilen Typ, also den Büroarbeiter*innen nach unserer Definition, muss es mehrere solcher Punkte im Tag geben, zu dem das bisher Gemachte gemeinsam angeschaut, durchgesprochen und gegebenenfalls korrigiert wird.

An dieser Stelle noch ein letzter Gedanke aus dem Sport: Ein Team braucht eine gesunde Portion Freiheit, Individualität und Spaß. Letztlich ist es Lockerheit, die zum Sieg führt. Aufgabe der Trainerin oder des Trainers ist es, die Balance zwischen Fokussierung und Loslassen-Können hinzukriegen. Und so sollte auch die Führungskraft gleichermaßen dafür verantwortlich sein, dass sich die Kollegen entsprechend ihres Typs fokussieren, dann aber auch Freiraum bekommen und am Ende ihre Erfolge auch feiern dürfen. Und wollen.

Mit diesen Gedanken im Kopf wollen wir im Folgenden über Feedback-Gespräche und Re-Briefing sprechen. Die Techniken sind vermutlich vielen bekannt, aber wir hoffen, durch den sportlichen Ansatz sie nochmal anders betrachten und verfeinern zu können.

Re-Briefing

Wir haben es am Ende des ersten Kapitels festgehalten: Ziel ist es, selbständiges Arbeiten zu Hause zu ermöglichen. Das setzt voraus, dass die Kollegin oder der Kollege daheim verstanden hat, was ihr/sein Ziel ist, wie sie/er dahin kommt und wofür sie/er die (Ergebnis-)Verantwortung trägt. Um das am Anfang des Prozesses sicherer zu stellen, eignet sich Re-Briefing als Methode. Diese Kommunikationstechnik sollte unter zwei Gesichtspunkten zum Einsatz kommen:

1. Wie haben die Mitarbeiter*innen im Home-Office ihre Aufgabe verstanden?

2. Wo stehen die Mitarbeiter*innen mit ihrer Aufgabe? Das sollte täglich besprochen werden.

Es geht an dieser Stelle noch einmal darum, Bewusstsein zu schaffen. Es bringt allen Beteiligten wenig, wenn die Teamleitung annimmt, Kolleg*innen hätten ihre Aufgabe (richtig) verstanden und wissen, bis wann sie was zu tun haben, während die Kolleg*innen diesen Eindruck trotz offener Fragen vorsichtshalber bestätigen oder gar irrig annehmen, man habe verstanden und sei auf dem richtigen Weg. Re-Briefing darf auf keinen Fall vor Publikum stattfinden, dies sollte immer im Vier-Augen- beziehungsweise Zwei-Ohren-Gespräch zwischen Zentrale und Home-Office geschehen. Partner für das Re-Briefing ist im Idealfall die Führungskraft, die die Aufgaben definiert und verteilt hat, sie kann je nach Komplexität und Wissensstand auch die Home-Office-Koordinator*innen bitten, dies zu übernehmen.

Die Führungskraft oder die Koordinator*innen sollte im Re-Briefing zunächst die Kollegin oder den Kollegen bitten zu erläutern, wie sie oder er die Aufgabe verstanden hat, welche Schritte sie/er bisher unternommen hat und welche Schritte sie/er als nächstes machen möchte. Es wird nicht zu vermeiden sein, dass das Ganze wie ein Test wirkt. Es hilft deshalb, wenn die Führungskraft oder die Koordinator*innen sich bewusst machen, wie man das Gespräch möglichst angstfrei gestaltet. Sie/Er sollte es als Unterstützung erläutern und selbst auch so agieren. Das heißt: in Ruhe auf Punkte hinweisen, die missverstanden wurden, und auf die unvermeidliche Kritik schnell die konstruktive Lösung folgen lassen. Auch hier hilft es, Dinge zu loben, die funktioniert haben, damit das Ganze für die Kolleg*innen nicht eine Serie kritisierter Punkte wird.

Ziel des Re-Briefings ist vor allem das Selbst-Bewusstmachen vom Stand der eigenen Arbeit und den nächsten Schritten, nicht die Möglichkeit zu kritisieren. Die Betonung liegt deshalb auf dem Selbst, das heißt die Mitarbeiter*innen sollten den meisten Raum im Re-Briefing bekommen.

Dieses für Mitarbeiter*innen hoffentlich positive Verhältnis von eigenem Beitrag und Rückmeldung spielt auch bei der nächsten Kommunikations-Technik eine wichtige Rolle.

Der Stuhlkreis

Inzwischen dürfte es aufgefallen sein: Wir mögen altmodische Begriffe wie Wandertag oder Fernsprechgerät. Dazu zählt auch der Stuhlkreis. Die Idee, die wir damit verbinden, geht so: Ein- bis zweimal im Monat treffen sich die Mitglieder eines Teams in einer Runde, in der sie erörtern, wie ihre Abläufe funktionieren. Moderiert von einem Mitglied des Teams oder der/dem Home-Office-Koordinator*in schauen sie, wie Prozesse funktioniert haben, was ihnen gefallen, was gut funktioniert hat und was man verbessern kann. Der (virtuelle) Stuhlkreis soll bewusst konstruktiv sein, das heißt die Moderatorin oder der Moderator sollte darauf achten, dass der Stuhlkreis nicht zur Dauer-Mecker-Runde wird. Die Teilnehmer*innen sollen sagen, was nicht funktioniert. Ziel aller ist eine Lösung des Problems, nicht nur dessen Schilderung. Nach unseren Erfahrungen eignet sich der Mittwochvormittag gut für den Stuhlkreis. Wenn es möglich ist, dann anstelle der Start-Konferenz, sonst direkt danach. Länger als 60 Minuten sollte der Stuhlkreis nur im Ausnahmefall dauern.

Feedback-Gespräche

Grundsätzlich haben Feedback-Gespräche aus unserer Sicht einen hohen Wert. Die Bedeutung wächst bei Mitarbeiter*innen im Home-Office sogar noch. Wir erinnern hier besonders an die zu Beginn des Buches genannten Wünsche und Sorgen. Mitarbeiter*innen haben Angst, dass Vorgesetzte nicht sehen, was sie leisten. Sie wünschen sich regelmäßige Rückmeldung und am liebsten natürlich Bestätigung. Deshalb sollte die Zahl der Feedback-Gespräche für Mitarbeiter*innen im Home-Office mindestens doppelt so hoch sein wie bei Kolleg*innen, die am Unternehmenssitz arbeiten. Gerade in der Einführungszeit sollten sie sogar monatlich stattfinden.

Feedback-Gespräche sind retrospektiv angelegt. Es geht im Rückblick um drei Fragen: Was war gut? Was war nicht gut? Was wollen wir verbessern? Diese drei Fragen reichen aus unserer Sicht schon aus, alle weitere Formalisierung stößt nach unserer Erfahrung schnell an Grenzen. Wovon wir an dieser Stelle unbedingt abraten, sind Bewertungssysteme mit Stufen. Die werden aufgrund unser aller Schulerfahrungen immer wie Noten wahrgenommen und deshalb mit Emotionen aus Kindheit und Jugend belegt.

Die Unternehmen, die virtuelle Feedback-Gespräche geführt haben, sind dabei wiederholt auf ein Problem gestoßen. Wenn dabei Mitarbeiter*innen kritisiert oder auf Fehler hingewiesen werden müssen, sie/er unter Umständen sogar hört, dass ihr/sein Job in Gefahr ist, wenn es so weiterläuft, wird diese unschöne Botschaft ins Home-Office gesendet und bleibt dort. Das heißt: Die/Der Vorgesetzte wird ihre/seine Kritik los und beendet dann das Gespräch, die Mitarbeiterin oder der Mitarbeiter sitzt in der eigenen Wohnung, wo sich unter Umständen Partner und/oder Kinder befinden, und muss mit der negativen Botschaft klarkommen. Deshalb sollten für Feedback-Gespräche folgende Punkte berücksichtigt werden:

- Der strukturierte Austausch zwischen Vorgesetzen und Mitarbeiter*innen sollte ins Home-Office, also zu Mitarbeiter*innen nach Hause, verlegt werden. Dies sorgt dafür, dass die Mitarbeiter*innen einen räumlichen Vorteil haben und sich damit automatisch ein Stück wohler fühlen. Dies setzt voraus, dass die Mitarbeiter*innen und der Betriebsrat damit einverstanden sind.

- Führungskräfte, die Feedback-Gespräche führen, sollten nicht mehr als acht bis zehn Mitarbeiter*innen haben, mit denen sie diese Gespräche führen.

- Home-Office-Koordinator*innen eignen sich im Grundsatz nicht, Feedback-Gespräche zu führen. Sie oder er soll Rückmeldungen auf Augenhöhe geben und Vertrauensperson sein. Dies wäre nicht mehr möglich, wenn sich durch das Feedback-Gespräch ein Hierarchie-Unterschied ergibt.

- Eine Variante des Feedback-Gesprächs haben wir in einem IT-Unternehmen kennengelernt. Dort kann sich derjenige, dessen Feedback ansteht, aussuchen, wer ihm Feedback gibt. Das sollen drei bis fünf Kollegen sein, das Ganze soll ein bis zwei Mal im Jahr stattfinden (vgl. Tim Mois und Corinna Baldauf, *24 Work Hacks...auf die wir gerne früher gekommen wären*,

Punkt 17). Je nachdem, wie Mitarbeiter*innen diese Variante empfinden, kann sie das Beschriebene ersetzen. Das sollten die Unternehmen ausprobieren und die Mitarbeiter*innen dann in die von ihnen festgesetzten Regeln aufnehmen.

- In Feedback-Gesprächen werden bisweilen Probleme benannt, die nicht persönlicher Natur sind und die in der Zweier-Konstellation nicht gelöst werden können. An der Stelle lohnt es sich, darüber nachzudenken, ob die Suche nach der Lösung des Problems zu einem Projekt für das Team gemacht und an der passenden Stelle im Team angegangen wird. Dieser Gedanke hat viel mit unserem nächsten Thema zu tun.

Wertschätzung

Wir sind damit an einen guten Punkt gekommen, um über Wertschätzung zu sprechen. Feedback-Gespräche können ein Weg dazu sein, gut gemachte Runden mit Morgenkaffee oder Feierabendgetränk auch. Da die erforderliche Menge an Wertschätzung aber aus den genannten Gründen gewachsen ist, wollen wir weitere Ideen vorstellen:

- Ganz simpel, aber deshalb nicht weniger wichtig: Geburtstagsgrüße schicken, per Video oder am Telefon gratulieren. Gerade wenn Mitarbeiter*innen die Sorge haben, nicht mehr gesehen zu werden, sollten sie gerade an ihrem Geburtstag nicht das Gefühl haben, dass man sie vergessen hat. Deshalb: Wer bisher die Geburtstage seiner Teammitglieder oder Mitarbeiter*innen nicht im Kalender stehen hat, sollte dies jetzt zum Anlass nehmen, sie dort einzutragen. In diesen Zusammenhang fallen auch die Worte Gute und Besserung. Meldet sich ein/e Mitarbeiter/in im Home-Office krank, ist es fast so wichtig wie die Geburtstagswünsche, ihr/ihm kurz zu schreiben, dass man ihr/ihm wünscht, dass sie/er bald wieder fit ist.

- Wer sich persönlich Mühe macht, bringt damit zum Ausdruck, dass der andere es ihm wert ist, dass er sich diese Mühe macht. Bis hierhin ist das noch eine Weisheit aus dem Küchenkalender. Mit Blick auf das Home-Office lässt sich die Weisheit aber konkretisieren. Wenn Teamleiter*innen oder Home-Office-Koordinator*innen ein Blog schreiben, in dem sie oder er Musik- oder Kinotipps gibt, wenn sie oder er ein Video dreht, in dem sie oder er ein Spezialwissen teilt (über Kaffee, über Wein, übers Kochen), wird das aller Wahrscheinlichkeit nach sehr gut ankommen. Unser Favorit ist bisher ein Unternehmen, das Kochvideos für die Kolleg*innen gedreht hat, die nun nicht mehr in die Kantine gehen. Mittelfristig kann daraus auch noch erwachsen, dass andere ihr Wissen so teilen und eine zweite Form der Gemeinschaft entsteht. Es ist deshalb auch nicht falsch, das vorzuschlagen oder anzuregen. Nur vorschreiben sollte man es nicht.

- Lob: Trainer*innen im Sport haben es mit Lob und Kritik relativ leicht. Es gibt immer Dinge, die noch nicht lange her sind, Übungen im Training oder Szenen im Spiel, die man nehmen kann, um anhand dessen zu loben und zu kritisieren. Das ist im Unternehmen nicht so leicht. Deshalb kommt es hier vielmehr darauf an, diese Momente im doppelten Sinne wahrzunehmen: die zu lobenden oder zu kritisierenden Momente mitzubekommen und dann möglichst bald zu reagieren. Für das Lob gilt es ein bisschen, für die Kritik auf jeden Fall: Das Lob oder die Kritik muss realistisch sein (um das schreckliche Wort *authentisch* zu vermeiden). Insbesondere die Kritik muss begründet sein. Sie kann im Zweifel eine Spur zu weit gehen, weil das Emotionen weckt und Energie freisetzt, aber sie darf nicht ohne klar erkennbaren und nachvollziehbaren Anlass vorkommen. Wenn Kritik nicht fundiert ist, fangen Diskussionen an – und alles, was mal mit dem Gespräch erreicht werden sollte, ist nicht mehr zu erreichen. Auch hier ist klare Sprache wichtig. Im Zweifel sollte man die wichtigen Sätze vorbereiten, um im Vorfeld zu überprüfen, ob sie die Kernaussagen unmissverständlich rüberbringen.

- Achtung: Es gibt auch bei Lob und Kritik unterschiedliche Typen unter den Empfängern. Die, die es glauben, die, die es nicht glauben, die, die es abtun und die, die es nicht verstehen. Wer das im Hinterkopf hat, wird noch einmal erkennen, wie wichtig die richtige, die gemeinsame Sprache ist. Und er wird seine Erkenntnisse um die Sprache verstärkt nutzen, um die Zahl der Kolleg*innen in der Gruppe, die Lob und Kritik annimmt, möglichst hoch zu gestalten.

- An dieser Stelle sei nochmal an die Auszeit im Sport erinnert. Lob ist in einer Anfeuerungsrede gut aufgehoben, (rückwärtsgewandte) Kritik ist es nicht. Entscheidend ist also, sich vorher bewusst zu machen, welchen Charakter die Kommunikation gerade hat. Entspricht sie der Anfeuerungsrede (eher bei Gruppen-Kommunikation) oder dem Einzelgespräch?

- Nochmal ein bisschen Küchenkalender: Wer ein paar Zeilen des Lobes schreibt, bringt damit zum Ausdruck, dass die Firma aus mehr besteht als aus Aufgaben und Zielen.

Fazit des Kapitels Kommunikation

1. Die technischen Möglichkeiten für Kommunikation sind heute überragend, sie verführen aber gerade deshalb dazu, zu sehr darauf zu hoffen, dass damit die Kommunikation automatisch funktioniert. Deshalb plädieren wir dafür, gut darüber nachzudenken, ob es die technisch schicke Variante der Videokonferenz sein muss oder ob es mit der Audiokonferenz nicht schneller und fokussierter geht.

2. Für Gespräche in der Gruppe (Konferenz etc.) gilt: Je klarer und knapper die Sprache ist, desto besser. Man kann nicht auf die Befindlichkeiten einzelner eingehen, dafür gibt es die Einzelgespräche.

3. Die Gespräche in der Gruppe sollten immer schriftlich nachbereitet werden, also als Rundmail nochmal an alle gehen.

4. Einzelgespräche sind wichtig, um Kolleg*innen kennenzulernen und sie entsprechend ihrer Stärken einzusetzen, statt darauf zu hoffen, dass das schon wird, oder sich stumm darüber zu ärgern, dass jemand alte Gewohnheiten pflegt, statt auf die vereinbarte Weise zu arbeiten.

5. Durch Einzelgespräche gewinnt man Wissen darüber, welche Sprache der andere spricht und wie er angesprochen werden sollte. Das ist dann für alle Kommunikationsformen hilfreich.

6. Letzter Ansporn: Wer diese Regeln gut umsetzt, bringt damit ein gutes Stück Wertschätzung zum Ausdruck. Ergänzend muss die Führungskraft die weiteren Formen der Wertschätzung einsetzen, die wir am Ende des Kapitels beschrieben haben.

6
Recht und Steuern

Im letzten Kapitel unseres Buches beschäftigen wir uns mit einer Reihe von Gerichtsurteilen, die zu Home-Offices gefällt wurden, und deren Folgen für den Arbeitsalltag. Zur schonenden Vorbereitung auf die nächsten Abschnitte: Mit Blick auf steuerliche Aspekte gibt es gute Nachrichten von der höchsten deutschen Instanz, mit Blick auf die Versicherung ist die bisherige Rechtsprechung eher eine Warnung. Da wir positiv enden wollen, fangen wir mit den Fällen an, in denen die Arbeitnehmer die Prozesse verloren haben, und dann kommen die freudigeren Urteile.

Arbeitsrecht

Die folgenden Fälle betreffen vor allem den Arbeitsweg. Es geht um Arbeitnehmer*innen, die rund um ihr Home-Office Unfälle erlitten haben und die Frage klären mussten, ob die Unfallversicherung dafür aufkommt. Sie stürzten mit dem Rad, nachdem sie ihr Kind in die Kita gebracht hatten, auf dem Rückweg von der Toilette oder auf der Treppe, nachdem sie ihr Arbeitszimmer verlassen hatten, um sich etwas zu trinken zu holen. In all diesen Fällen gaben die Gerichte der anderen Seite Recht. Die Begründung: Das, was die Betroffenen getan haben, als sich der Unfall ereignete, stand nicht im Zusammenhang mit der Arbeit. Die Betroffenen haben nicht gearbeitet und sie waren nicht auf einem Arbeitsweg. So hat beispielsweise derjenige, der auf dem Rückweg von der Toilette war, die Treppe, auf der er gestürzt war, nicht benutzt, um seine Pflichten als Arbeitnehmer zu erfüllen. Er handelte nicht im Betriebsinteresse, sondern in seinem eigenen. Die Gerichte nennen den Toilettengang „eine eigenwirtschaftliche Beschäftigung". Das gilt im Büro im Unternehmen genauso wie im Home-Office.

Ähnlich gelagert war der Fall der Frau, die aus dem Home-Office unterm Dach ins Erdgeschoss stieg, um sich etwas zu trinken zu holen. Auch sie tat etwas, nämlich die Treppe hinabsteigen, das nicht mit der Arbeit zusammenhing. Das Bundessozialgericht erklärt dazu, dass das Wasser holen nicht zu den Haupt- oder Nebenpflichten der Arbeitnehmerin zählt. Sie hat den Weg zur Küche auch wieder in „eigenwirtschaftlichem Interesse" zurückgelegt. Nicht alles, was ein Mitarbeiter während der Arbeitszeit macht, ist versichert. Folglich hatte die Arbeitnehmerin ihren Arbeitsplatz verlassen und war in den persönlichen Bereich übergewechselt. Zudem gab es keine Vorgaben oder Zwänge, wann sie sich etwas zu trinken holt.

Die gestürzte Fahrradfahrerin hörte eine vergleichbare Begründung der Juristen. Sie war von ihrem Arbeitsplatz zu Hause aufgebrochen, hatte ihre Tochter in die Kita gebracht und war auf glatter Fahrbahn auf dem Rückweg ausgerutscht. Die Frau ist also nicht am Arbeitsplatz gestürzt und nach Meinung des Gerichts auch nicht auf einem Arbeitsweg. Das ist so ähnlich wie bei den ersten beiden Fällen. Es geht wieder um die Frage, ob das Handeln mit der Arbeit zusammenhängt. Arbeitswege sind Strecken, die man im Interesse der Firma zurücklegt. Der entscheidende Unterschied: Die anderen Wege sind solche, die einfach vor oder nach der Arbeit zurückgelegt werden. Die Mutter hatte ihre Fahrt aus einem privaten Grund angetreten. Wenn sie ihre Tochter nicht in den

Kindergarten hätte bringen wollen, wäre sie die Strecke nicht gefahren. Sie hat nicht auf dem Weg zur Arbeit ihr Kind weggebracht, sondern auf einer Fahrt, die ausschließlich dazu diente, das Kind wegzubringen. Der aufmerksame Leser ahnt es bereits: Das ist eine „eigenwirtschaftliche Tätigkeit".

Die drei Fälle und Urteile sind hier nachzulesen: Sozialgericht München, Urteil vom 4. Juli 2019, Aktenzeichen S 40 U227/18 (Rückweg von der Toilette); Bundessozialgericht, Urteil vom 5. Juli 2016, Aktenzeichen B 2 U5/15 R (Wasser holen); Landessozialgericht Niedersachsen-Bremen, Urteil vom 26. September 2018, Aktenzeichen L 16 U 26/16 (Sturz mit dem Fahrrad).

Immerhin in einem wegweisenden Fall wurde der Unfall im Umfeld des Home-Offices zugunsten einer Arbeitnehmerin gewertet: Eine Sales- und Key-Account-Managerin hatte ein Home-Office im Keller des Hauses, in dem sie wohnte. Mit dem Arbeitgeber war vertraglich geregelt, dass sie dort regelmäßig arbeiten soll. Am Tag ihres Unfalls war sie auf einer Messe, erhielt dort die Nachricht, dass ihr Geschäftsführer sie am späten Nachmittag anruft. Sie fuhr ins Home-Office, um dort ihren Laptop anzuschließen und dann mit dem Geschäftsführer zu sprechen. Auf dem Weg zum heimischen Arbeitsplatz rutschte sie an einer Treppenstufe ab und verletzte sich am Rücken. Sie bekam Recht, weil sie als Arbeitnehmerin im Einsatz war und bei ihr auch das Treppensteigen direkt mit der Arbeit zusammenhing. Sie wollte in ihr Büro, dort den Laptop anschließen und dann mit dem Chef telefonieren. Es war also im Interesse ihres Unternehmens, dass sie den Weg zurücklegt. Die Arbeitnehmerin ist die Treppen hinabgestiegen, um einem Auftrag ihres Arbeitgebers nachzukommen. (Bundessozialgericht, Urteil vom 27. November 2018, Aktenzeichen B 2 U 28/17 R).

Steuerrecht

Im Grundsatz positiv für Arbeitnehmer fielen zwei Urteile des Bundesfinanzhofes aus. Das Gericht erklärte in beiden Fällen, dass das Home-Office steuerlich geltend gemacht werden kann. Allerdings müssen dafür zwei Voraussetzungen erfüllt sein.

Erstens: Es gilt das Prinzip „Ganz oder gar nicht". Entweder ist ein Zimmer ganz der Arbeit gewidmet oder es wird gar nicht als solches anerkannt und kann dann auch gar nicht abgesetzt werden. Ganz meint mindestens 90, eher sogar 95 Prozent der Zeit, die in diesem Zimmer verbracht werden, muss Arbeitszeit sein. Die Finanzverwaltung kann verlangen, dass man einen Grundriss oder Fotos vom Arbeitszimmer zur Steuererklärung hinzufügt. Ein Fernseher oder eine Couch gelten in diesem Zusammenhang schon als Zeichen dafür, dass man dort mehr als zehn Prozent seiner Zeit mit etwas anderem als Arbeit verbringt beziehungsweise verbringen könnte.

Das bedeutet zugleich: Ein Laptop auf dem Küchentisch wird aus der Küche also niemals ein Arbeitszimmer machen, auch nicht für eine bestimmte Zeit oder die betroffene Fläche. Die Finanzverwaltung hat schon deutlich gemacht, dass sie davon auch in Zeiten des Home-Office nicht abrückt (vgl. Michael Müller: Mögliche Auswirkungen der Corona-Pandemie auf die steuerrechtliche Beurteilung des häuslichen Arbeitszimmers DStR 2020, 763).

Wenn man also dem Ganz-Anspruch nicht gerecht wird, weil man das Zimmer einfach auch noch für andere Sachen braucht, dann kann man die Arbeitsmittel absetzen, also den Computer, das Handy oder auch den Schrank und den Koffer, die wir im zweiten Kapitel vorgestellt haben. Für die Arbeitgeber*innen bedeutet das, dass sie ihren Mitarbeiter*innen steuerfrei geben können, was diese als Werbungskosten absetzen könnten, wenn sie es von ihrem eigenen Geld bezahlen würden.

Sollte man die Ganz-Voraussetzung erfüllen, geht es zweitens noch um die Frage, ob den Arbeitnehmer*innen „kein anderer Arbeitsplatz" zur Verfügung steht. In dem einen positiven Fall hatte ein Großbetriebsprüfer ein Home-Office, weil sein Arbeitgeber für ihn und sieben weitere Kollegen nur drei Plätze zur Verfügung stellte, an denen sie ihre Arbeiten vor- und nachbereiten konnte. Der Prüfer machte deshalb in seinen Steuererklärungen Aufwendungen für ein Arbeitszimmer beziehungsweise Werbungskosten geltend. Im anderen Fall hatte ein Mann, dessen Job im Beschluss des Bundesfinanzhofes nicht näher beschrieben wird, in seiner Steuererklärung Aufwendungen für ein häusliches Arbeitszimmer von seinen Einkünften abgezogen.

Das Gericht urteilte, dass dem Großbetriebsprüfer für seine Arbeit kein anderer Arbeitsplatz zur Verfügung steht. Anderer Arbeitsplatz ist erstmal jeder, der geeignet ist, um die Aufgaben zu erledigen. Das meint aber eben auch, dass der Platz in dem Umfang zur Verfügung steht, den der Arbeitnehmer braucht. Nur dann ist er ja nicht auf sein Home-Office angewiesen. Bei acht Mitarbeitern reichen drei Innendienst-Arbeitsplätze nicht aus, die Betroffenen müssen ins Home-Office (zu einem „nicht unerheblichen Teil", schreibt der Bundesfinanzhof) – und dürfen das dann auch in ihrer Steuererklärung aufführen.

Dieses Urteil kann man vorsichtig auf die Situation in der Corona-Zeit übertragen. Zunächst einmal leuchtet ein, dass „kein anderer Arbeitsplatz" zur Verfügung steht, wenn ein Unternehmen untersagt, in der Zentrale zu arbeiten, um die Arbeiternehmer*innen dort vor einer möglichen Infektion zu schützen. So weit, so klar. Schwieriger wird es, wenn das Unternehmen nichts verbietet, Mitarbeiter*innen aber mit ihren Vorgesetzten vereinbaren, von zu Hause aus zu arbeiten, um die Infektionsgefahr für sich und andere zu senken. Es gibt Juristen, die das gleichsetzen mit dem Untersagen, weil sich die Mitarbeiter*innen ja an die Empfehlungen von Politik und Stadtverwaltung halten. Es wäre komisch, wenn man das „bestrafen" würde, indem man es nicht als Voraussetzung akzeptiert, um das Arbeitszimmer als Werbungskosten abzusetzen. (vgl. Michael Müller: Mögliche Auswirkungen der Corona-Pandemie auf die steuerrechtliche Beurteilung des häuslichen Arbeitszimmers DStR 2020, 761f.) Dazu passt, dass der Bundesfinanzhof erklärt hat, dass ein Arbeitsplatz, den man unter Gefahr für die (eigene) Gesundheit nutzen kann, kein „anderer Arbeitsplatz" ist. So logisch das klingt, es ist noch offen, ob Finanzverwaltung oder die Gerichte die Pandemie als eine solche Gefahr verstehen.

Aus den Urteilen (nachzulesen unter: Bundesfinanzhof, Urteil vom 26. Februar 2014, Aktenzeichen VI R 37/13 (Großbetriebsprüfer); Bundesfinanzhof, 26. Februar 2014, Aktenzeichen VI R 11/12; Bundesfinanzhof, Beschluss vom 27. Juli 2015, Aktenzeichen GrS 1/14) ergeben sich die folgenden Eckdaten:

1. Es darf kein anderer Arbeitsplatz zur Verfügung stehen und der Raum zu Hause muss ausschließlich oder nahezu ausschließlich für die Arbeit genutzt werden.

2. Ausschließlich oder nahezu ausschließlich meint, dass der Raum mindestens zu 90 Prozent nur dafür genutzt wird, um dort seiner bezahlten Arbeit nachzugehen. Küchen- und Couchtische, auf denen der Laptop steht, und die Ecke im Schlafzimmer, die zum Home-Office umfunktioniert wurde, haben demnach alle keine Chance, in der Steuererklärung erfolgreich erwähnt zu werden. Dann kann man nur die Arbeitsmittel, also Ausgaben für Laptop, Schreibtisch oder Bürostuhl absetzen.

3. Pro Jahr können Aufwendungen bis zu 1250 Euro abgezogen werden. Zu den Aufwendungen zählen Miete, Energiekosten, Grundsteuer, Versicherung, Gebühren für die Müllabfuhr oder den Schornsteinfeger. Immer anteilig natürlich: Macht das Arbeitszimmer zum Beispiel 20 Prozent der Wohnfläche aus, können die genannten Ausgaben zu 20 Prozent veranschlagt werden.

4. Arbeitnehmer können einen Teil der Monatsrechnung für Telefon und Internet geltend machen. Voraussetzung ist, dass man für die Arbeit sein Telefon, sein Handy oder seinen Internetanschluss nutzt. Je nachdem, was man macht und wie viel man dafür telefonieren oder im Internet arbeiten muss, wächst der prozentuale Anteil an der Rechnung, den man geltend machen kann.

5. Ausgaben für die Ausstattung des heimischen Büros können in voller Höhe geltend gemacht werden. Hat der Ausstattungsgegenstand weniger als 800 Euro gekostet, kann er in dem Jahr, in dem er gekauft wurde, komplett abgesetzt werden. War er teurer, muss er über mehrere Jahre abgeschrieben werden. So oder so: Gute Nachrichten für alle, die sich einen Home-Office-Schrank im Sinne dieses Buches kaufen.

Nachwort:
Wie sieht die Zukunft des Büros aus?
Ein gewagter Blick

Die Situation, in der sich die Welt gerade befindet, hat dazu geführt, dass das Modell des Home-Office plötzlich sympathisch wurde. Davor zählte noch die wann immer mögliche Präsenz im Unternehmen, eine Kultur, die auf beiden Seiten, Unternehmen und Mitarbeiter*innen, gelernt und gelebt wurde. Das Vertrauen in die Heimarbeit war nicht sehr groß: Wer weiß, was die zu Hause machen.

Natürlich gab es Unternehmen, die schon vorher erfolgreich ihre Mitarbeiter*innen nach Hause entlassen hatten, um dort zu arbeiten, aber der überwiegende Teil tat das nicht, hauptsächlich aus Sorge um die Effizienz.

Nun wurden alle dazu gezwungen, und siehe da: Es funktionierte. Und das, obwohl es unsere Tipps noch nicht gab und alle mehr oder weniger ins kalte Wasser springen mussten. Jetzt stellen sich die Unternehmen die Frage, warum sie denn Miete für sehr viel Raum bezahlen, obwohl dieser nicht genutzt wird. Wie wird man den jetzt los? Oder was kann man alternativ damit tun? Und direkt im Anschluss stellt sich die Frage: Wie sieht denn nun das Arbeiten in der Zukunft genau aus? Werden irgendwann alle zu Hause bleiben?

Wir glauben: Ja, ein großer Teil der Menschen wird weiterhin von zu Hause aus arbeiten, auch wenn es keinen gesundheitlichen Grund mehr gibt und alle zurückkehren könnten. Es hat viele Vorteile, in den vorherigen Kapiteln haben wir davon berichtet. Aber das Arbeiten, die Strukturen werden sich dadurch verändern. Es wird sich ein anderes Arbeiten entwickeln — und wahrscheinlich auch neue Berufe (zum Beispiel Home-Office-Koordinator*in).

Die Möglichkeit, nicht am Arbeitsort zu wohnen, sich weniger in der Welt bewegen zu müssen, sei es für den Weg zur Arbeit oder um an Konferenzen teilzunehmen, all das wird sich weiter verbessern, es wird immer normaler werden.

Aber was bedeutet es für die riesigen Flächen, die dann leer stehen? Eine Möglichkeit ist die eigene, veränderte Nutzung, zum Beispiel eine Art TV-Studio bauen, aus dem gesendet, mit Kunden konferiert, interne Präsentationen oder kleine Filme produziert werden. So wird die Fläche weiterhin selbst genutzt, aber mit anderem Inhalt.

Wir glauben auch, dass das Thema auf der Technik-Seite noch nicht einmal richtig begonnen hat. Die meisten Anwendungen, die uns alle durch die erste Zeit gebracht haben, waren gar nicht explizit für diese Nutzung gedacht. Aber wie wir alle wissen, sorgt der Bedarf an neuer Technik dafür, dass die passende Anwendung rasend schnell entwickelt wird. Wahrscheinlich wird die Technik bald neue Wege aufzeigen, gegen die das aktuelle Home-Office wie eine Dampfmaschine neben einem Space Shuttle wirkt.

Jetzt schon möglich sind Konferenzen und Meetings mit Avataren. Scans des eigenen Körpers, die sich in virtuellen Räumen mit anderen Scans/Avataren treffen. Das soll den Vorteil haben, dass es wieder möglich ist zu gestikulieren, sich miteinander zu bewegen, eine ganzheitlichere Erfahrung zu haben, statt nur das Gesicht in einer Videokonferenz zu sehen. Zudem können Inhalte anders eingeblendet werden. Wo man sich dann trifft, ist nahezu unbegrenzt. Was dabei noch geklärt werden muss, ist das persönliche Zeitmanagement. Die Grenzen sind schon lange fließend, Nachrichten kommen auf allen Kanälen — am wenigsten im Gespräch — und es ist kaum Zeit, das alles abzuarbeiten. Auch die Grenze zwischen Freizeit und Beruf ist schon längst gefallen. Zählt das Zusammensitzen nach

Feierabend zum Beruf oder zur Freizeit? Das Beantworten der WhatsApp einer Kollegin um 23 Uhr zum Thema der morgigen Sitzung?

Hier sind andere Wege gefragt, um das sinnvoll und gesund in den Griff zu bekommen. Wer schon einmal mit der gehobenen Ebene eines aktuellen, erfolgreichen Unternehmens ein Meeting hatte, wird die Situation kennen: Man versucht ein Gespräch zu führen, dabei werden Mails, Nachrichten und auch Anrufe beantwortet, und es kann sogar passieren, dass noch jemand mit einer Frage in den offenen Bereich kommt. Wie kann das gesund sein, und wie lange hält man das durch? Das wäre ein Thema für ein weiteres Buch...

Die andere Möglichkeit, wie Unternehmen mit dem frei gewordenen Raum umgehen könnten, heißt Wohnraum. Dafür müssten diese Flächen umgewidmet werden. Das ist eine gewagte These, denn noch ist nicht zu beantworten, ob dieser Raum die Qualität haben wird, die Wohnraum braucht, und ob die sehr starke Mischung von Arbeit und Wohnraum einen Fortschritt darstellt. Aktuell wird dieser Wohnraum auf jeden Fall in den Städten gebraucht, hier gäbe es sicher einen positiven Effekt.

An dieser Stelle sind die Städte und Gemeinden gefragt. In den Zentren herrscht vielfach Raummangel, also sollte es die passende Motivation doch geben. Wenn der Büroleerstand durch den vermehrten Umzug ins Home-Office größer wird, dann wird sich darüber jemand Gedanken machen müssen. Am ehesten werden das die Vermieter sein, denen ja auch nicht gedient ist, wenn ein Mieter in die Insolvenz geht.

Hier besteht auf jeden Fall eine große Chance, in den Städten die nötige Veränderung vorzunehmen, falls ein paar Millionen Quadratmeter leer werden. Auch das kann zu einer großen Kraft in der Gesellschaft werden, denn möglicherweise wird es in ein paar Jahren genauso hip sein, in einem Ex-Büro zu wohnen, wie es in den 40er- bis 70er-Jahren des vergangenen Jahrhunderts mal hip war, in einer Ex-Fabrik zu wohnen (als es noch echte Lofts gab). Das Wort *Loft* heißt eigentlich ja nur Speicher oder Dachboden, also könnte man bald vielleicht im *Hallway* wohnen, was nur Flur heißen würde, aber schließlich ein großer Teil eines Büros ist.

So würde am Ende das Office zum Home werden und die Mitarbeiter*innen würden quasi direkt neben ihrem Arbeitsplatz wohnen können.

Die Autoren dieses Buches führen Workshops und Webinare zum Thema Home-Office durch und helfen Unternehmen, wenn diese gutes Arbeiten zu Hause ermöglichen möchten. Mehr zu den Beratungsangeboten gibt es unter **www.wie-es-funktionieren-kann.de**

Zeitfracht Medien GmbH
Ferdinand-Jühlke-Straße 7
99095 Erfurt, Deutschland
produktsicherheit@kolibri360.de